***ACCESO GRATIS** a la Lectura en la Nube*

Para visualizar el libro electrónico en la nube de lectura envíe junto a su nombre y apellidos una fotografía del código de barras situado en la contraportada del libro y otra del ticket de compra a la dirección:

ebooktirant@tirant.com

En un máximo de 72 horas laborales le enviaremos el código de acceso con sus instrucciones.

La visualización del libro en **NUBE DE LECTURA** excluye los usos bibliotecarios y públicos que puedan poner el archivo electrónico a disposición de una comunidad de lectores. Se permite tan solo un uso individual y privado

PROPUESTAS DE REFORMA PARA UN NUEVO MODELO DE FINANCIACIÓN LOCAL

Procedimiento de selección de originales, ver página web:
www.tirant.net/index.php/editorial/procedimiento-de-seleccion-de-originales

PROPUESTAS DE REFORMA PARA UN NUEVO MODELO DE FINANCIACIÓN LOCAL

PABLO CHICO DE LA CÁMARA

Catedrático de Derecho Financiero y Tributario URJC

Prólogo

JOSÉ IGNACIO RUBIO DE URQUIA

tirant lo blanch
Valencia, 2024

En caso de erratas y actualizaciones, la Editorial Tirant lo Blanch publicará la pertinente corrección en la página web www.tirant.com.

La presente obra ha sido sometida a la revisión de pares ciegos según el protocolo de publicación de la editorial a efectos de ofrecer el rigor y calidad correspondiente tanto en su contenido como en su forma, aplicándose los criterios específicos aprobados por la Comisión Nacional E 016 (BOE num. 286, de 26 de noviembre de 2016).

Este original tiene origen en el Proyecto de investigación del IEF nº 167/2022.

© TIRANT LO BLANCH
EDITA: TIRANT LO BLANCH
C/ Artes Gráficas, 14 - 46010 - Valencia
TELFS.: 96/361 00 48 - 50
FAX: 96/369 41 51
Email:tlb@tirant.com
www.tirant.com
Librería virtual: www.tirant.es
DEPÓSITO LEGAL: V-2328-2024
ISBN: 978-84-1071-171-6
MAQUETA: Disset Ediciones

Si tiene alguna queja o sugerencia, envíenos un mail a: *atencioncliente@tirant.com*. En caso de no ser atendida su sugerencia, por favor, lea en *www.tirant.net/index.php/empresa/politicas-de-empresa* nuestro procedimiento de quejas.

Responsabilidad Social Corporativa: http://www.tirant.net/Docs/RSCTirant.pdf

Verba volant, scripta manent!

No es posible gobernar nuestro corazón,
pero sí nuestras acciones:

A mi familia

Índice

Prólogo *13*

Presentación *25*

Capítulo I.

Hacia una necesaria reforma de la tributación local *31*

1. INTRODUCCIÓN 31

II. APUESTA POR UN NUEVO MODELO DE FINANCIACIÓN DE LOS AYUNTAMIENTOS QUE REVITALICE LA AUTONOMÍA LOCAL QUE PROCLAMA EL ART. 140 CE 35

III. EL LIBRO BLANCO PARA LA REVISIÓN DEL MODELO DE FINANCIACIÓN LOCAL DE 2017 38

IV. LAS REFERENCIAS A LA IMPOSICIÓN LOCAL CONTENIDAS EN EL LIBRO BLANCO DE LA REFORMA TRIBUTARIA DE 2021 ...39

Capítulo II.

Propuestas de mejora del impuesto sobre bienes inmuebles (IBI) *41*

I. PLANTEAMIENTO 41

2. ARGUMENTOS QUE DESACONSEJAN LA "PERSONALIZACIÓN" DE ESTE IMPUESTO REAL 42

III. REFORMULACIÓN DEL VALOR CATASTRAL 44

IV. AMBIENTALIZACIÓN DEL IMPUESTO 46

V. ESTABLECIMIENTO DE UN NUEVO IMPUESTO POTESTATIVO SOBRE INMUEBLES RESIDENCIALES DESOCUPADOS 49

VI. RECARGO SOBRE AREAS DE PROMOCIÓN ECONÓMICA URBANA 55

Capítulo III.

Propuestas de mejora en el Impuesto sobre actividades económicas *57*

Capítulo IV.

Propuestas de mejora del impuesto sobre vehiculos de tracción mecánica... *69*

I. REVISIÓN DE LOS PARÁMETROS ACTUALES PARA DETERMINAR LA CUOTA TRIBUTARIA DEL IMPUESTO 69

II. LA VOCACIÓN DEL TRIBUTO DE SOMETER A GRAVAMEN A AQUEL SUJETO QUE OSTENTA LA TITULARIDAD REAL FRENTE AL QUE FORMALMENTE APARECE EN EL REGISTRO DE LA JEFATURA CENTRAL DE TRÁFICO 80

III. REVISIÓN DE LOS PUNTOS DE CONEXIÓN PARA LUCHAR CONTRA LA "COMPETENCIA FISCAL PERNICIOSA" 84

IV. ACLARACIÓN DE LOS PERÍODOS IMPOSITIVOS CORTOS 91

Capítulo V.

Propuestas de mejora del impuesto sobre construcciones, instalaciones y obras... *95*

I. PLANTEAMIENTO 95

II. HACIA UNA CLARIFICACIÓN DE LAS PARTIDAS INTEGRANTES Y EXCLUYENTES DE LA BASE IMPONIBLE PARA LA DETERMINACIÓN DEL "COSTE DE EJECUCIÓN MATERIAL DE LA INSTALACIÓN, CONSTRUCCIÓN U OBRA" 95

III. ALGUNAS CUESTIONES PROBLEMÁTICAS SOBRE LA GESTIÓN DEL TRIBUTO 112

Capítulo VI.

Propuestas de mejora del impuesto sobre el incremento del valor de los terrenos de naturaleza urbana *119*

I. PLANTEAMIENTO 119

II. ANÁLISIS DE LA REGULACIÓN ACTUAL.. 121

III. REFORMULACIÓN DEL ACTUAL TRIBUTO POR UN NUEVO IMPUESTO OBLIGATORIO SOBRE LAS PLUSVALÍAS INMOBILIARIAS 139

Capítulo VII.

Propuestas de mejora de tasas y otras prestaciones patrimoniales públicas no tributarias *141*

I. CONSIDERACIONES CRÍTICAS SOBRE LA TASA POR LICENCIA URBANÍSTICA........ 141

II. REGULACIÓN EXPRESA DE LA NO SUJECIÓNDE LA TASA DE LICENCIA URBANÍSTICA Y EL ICIO EN OBRAS "ILÍCITAS" FRENTE A LA SUJECIÓN DE LAS "ILEGALES" 150

III. EXTENSIÓN DEL RÉGIMEN ACTUAL FORFETARIO DEL 1,5 POR 100 A TODAS LAS ENTIDADES DE SUMINISTROS ENERGÉTICOS........ 171

IV. NUEVAS TASAS POR OCUPACIÓN DEL DOMINIO PÚBLICO POR MÁQUINAS EXPENDEDORAS ("VENDING MACHINES") Y ACCIONES DE PUBLICIDAD DE MERCADOTECNIA ("STREET MARKETING") 173

V. NUEVA TASA POR DESPLIEGUE POLICIALESPECIAL POR ACONTECIMIENTOS DE INTERÉS PÚBLICO 179

VI.PRESTACIONES PATRIMONIALES PÚBLICAS NO TRIBUTARIAS........ 180

Capítulo VIII.

Prestaciones patrimoniales públicas tributarias y no tributarias que graven actuaciones no respetuosas con la sostenibilidad ambiental........ *183*

I. PLANTEAMIENTO........ 183

II. PROPUESTAS DE LEGE FERENDA........ 186

Capítulo IX.

Impulso a las contribuciones especiales *195*

I. REGULACIÓN ACTUAL 195

II. PROPUESTAS DE MEJORA........ 197

Capítulo X.

Consideraciones críticas y propuestas de lege ferenda *201*

I. IMPUESTO SOBRE BIENES INMUEBLES (IBI) 201

II. IMPUESTO SOBRE ACTIVIDADES ECONÓMICAS (IAE) 204

III. IMPUESTO SOBRE VEHÍCULOS DE TRACCIÓN MECÁNICA (IVTM) 205

IV. IMPUESTO SOBRE CONSTRUCCIONES, INSTALACIONES Y OBRAS (ICIO) 207

V. IMPUESTO SOBRE EL INCREMENTO DE VALOR DE LOS TERRENOS DE NATURALEZA URBANA 208

VI. IMPUESTOS SOBRE ACTUACIONES NO RESPETUOSAS CON LA SOSTENIBILIDAD AMBIENTAL 217

VII. TASAS Y OTRAS PRESTACIONES PATRIMONIALES PÚBLICAS NO TRIBUTARIAS 219

VIII. CONTRIBUCIONES ESPECIALES 221

Cuadro resumen de propuestas *223*

Bibliografía consultada *227*

Prólogo

Vaya por delante que me tomo esta labor de prologar tan importante trabajo del profesor Chico de la Cámara como un honor que me hace el autor desde una de sus dimensiones más humana, desde la dimensión de su amistad, una amistad de muchos años nacida en el seno de nuestra común dedicación a los tributos locales, materia que es, precisamente, la que constituye el objeto de la obra que el lector tiene entre sus manos. Entiendo, pues, que considerando el encargo desde esa concreta dimensión, desde la amistad que surgió entre nosotros al abrigo de la revista TRIBUTOS LOCALES, esta prefación ha de centrarse principalmente en la exposición de mi experiencia en torno a la génesis y evolución del campo sobre el que se construye el grueso de la obra objeto de estas líneas.

Corría el otoño de 1980, cuando el entonces Director General de Tributos del Ministerio de hacienda, don Alfonso Gota Losada, encargó a un reducido grupo de inspectores de Hacienda del Estado recién desembarcados en ese centro directivo, procedentes de la Escuela de Inspección Financiera y Tributaria, un estudio sobre la reforma de los tributos locales entonces vigentes en España. Parte de esos tributos eran los que habían sido tradicionalmente propios de los Entes locales, mientras que otra parte estaba compuesta por tributos procedentes del sistema estatal de imposición directa que había sido reformado en 1978. Se trataba, en realidad, de un conjunto asistemático de figuras tributarias antiguas y de escaso rendimiento, que difícilmente se correspondían con los principios conformadores de la nueva organización territorial del Estado emanados de la Constitución de 1978.

Recuerdo que la primera tarea que emprendimos fue la de estudiar las reformas más recientes habidas entonces en países de nuestro entorno, y recuerdo haber prestado especial atención a las reformas llevadas a cabo en Bélgica e Italia. En ambos casos se trataba de regímenes con tres niveles de gobierno, lo que les asemejaba, en cierto modo, al régimen resultante de la Constitución de 1978, caracterizado, a estos efectos, por las nuevas Comunidades Autónomas creadas como nivel regional de gobierno, intermedio entre el estatal y el local. En los dos casos objeto de estudio, advertimos inmediatamente que la primera medida adoptada fue la de reducir drásticamente el número de Entes locales existentes hasta entonces en los respectivos países, dado que en los dos supuestos se consideró inviable la construcción de un sistema tributario local racional y eficaz que tuviera que operar en un entorno de muchos pequeños y despoblados Municipios, dudosamente merecedores de semejante condición. Y también advertimos inmediatamente el grave problema que, para la construcción de un sistema tributario local racional y eficaz, suponía la falta de delimitación clara de las competencias entre los tres niveles de gobierno, especialmente entre los niveles regional y local. Ciertamente, dos o tres Administraciones distintas prestando al ciudadano los mismos bienes y servicios imposibilita la efectividad, entre otros, del principio de suficiencia financiera proclamado, en nuestro caso, en el artículo 142 de la Constitución.

Diose la circunstancia, empero, que por aquella época, recién aprobada la Ley Orgánica de Financiación de las Comunidades Autónomas, en plena negociación del primer Concierto Económico postconstitucional con la Comunidad Autónoma del País Vasco y a punto de iniciarse las negociaciones de la Ley de Cesión de Tributos del Estado a la Generalidad de Cataluña, el ambiente en el Ministerio de Hacienda no era el más propicio para emprender, además, la reforma del sistema tributario local. Por ello, el estudio realizado se guardó en un cajón, de donde nunca salió, al menos que yo sepa, aunque algunas de sus conclusiones sí se esgrimieron años más tarde. En su lugar, se fueron aprobando normas aisladas para salir del paso, que iban parcheando el sistema vigente a fin de ir atendiendo las crecientes necesidades de financiación de los Entes locales. De todas esas normas, la más significativa y de mayor trascendencia fue, sin duda, la Ley 24/1983, de 21 de diciembre, de Medidas urgentes de Saneamiento y Regulación de las Haciendas Locales, cuyas dos medidas estrella fueron (i) la creación de un Recargo Municipal sobre el IRPF y (ii) la liberalización de los tipos de gravamen de las antiguas Contribuciones Territoriales Rústica y Pecuaria y urbana, que habían sido transformadas en Tributos locales a raíz de la instauración, en 1978, del mencionado "Impuesto sobre la Renta de las Personas Físicas". La trascendencia de esas dos medidas radicó en su fundamentación en UNA interpretación conforme a la cual los principios de autonomía local y suficiencia financiera de las Haciendas locales prevalecían sobre el principio de reserva de ley en materia tributaria; y es que la Ley 24/1983 facultaba a los Ayuntamientos para fijar libremente, sin límite alguno, los tipos de gravamen del Recargo y de las Contribuciones Territoriales. Sin embargo, tal facultad sería declarada inconstitucional años después, en razón a una interpretación del TC exactamente opuesta a la sostenida por el legislador de 1983, es decir, en razón a una interpretación fundamentada en la prevalencia del principio de reserva de ley en materia tributaria sobre los principios de autonomía local y suficiencia financiera.

Entretanto, ya promulgados todos los Estatutos de Autonomía y la Ley Orgánica de Reintegración y Amejoramiento del Régimen Foral de Navarra, y prácticamente terminada la elaboración del nuevo régimen estatal de imposición indirecta, con el IVA como figura central, llegó el momento de abordar la regulación postconstitucional del Régimen Local, cuya labor se vio obstaculizada, sin embargo, por una de esas pequeñas miserias en las que se materializa, en no pocas ocasiones, el quehacer diario de muchos políticos, obstaculización de la que fue víctima, precisamente, la parte de ese Régimen relativa a la Hacienda local. En efecto, dos ministros de la época, el de Hacienda y el de Administración Territorial, se enzarzaron en una pueril disputa por la titularidad de la competencia para regular la Hacienda local. De semejante disputa resultó, finalmente, que el Ministerio de Administración Territorial recogería, en uno de los Títulos de la Ley de Régimen Local, algunos principios y preceptos en materia de Hacienda, mientras que el Ministerio de Hacienda elaboraría una regulación integral de la materia y la incorporaría a una ley específica.

Indíquese en este punto, casi a título de curiosidad, que el legislador de Régimen Local de abril de 1985 (Ley 7/1985) no llegó a conocer ninguno de los dos pronunciamientos de inconstitucionalidad recaídos en relación a las dos precitadas medidas de la ley de 1983: la STC 179/1985, de 19 de diciembre, referida al Recargo Municipal sobre el IRPF; y la STC 19/1987, de 17 de febrero, referida a las Contribuciones Territoriales. Y siguiendo con la curiosidad, indíquese también que el mencionado legislador de Régimen Local, al desconocer los citados pronunciamientos de inconstitucionalidad, incorporó a los escasos preceptos de la Ley dedicados a la materia que nos ocupa la interpretación subyacente tras la Ley de 1983, llegando a establecer, consecuentemente, en el artículo 106.1 del texto legal, que "Las Entidades locales tendrán autonomía para establecer y exigir tributos……". El primero de los dos pronunciamientos de inconstitucionalidad referidos supuso un duro golpe para quienes, dentro y fuera del Ministerio de Hacienda, habían sostenido hasta entonces la prevalencia relativa del principio de autonomía local sobre el de reserva de ley en materia tributaria, y ello fue tan así que el ambiente de indecisión generado se mantuvo un año entero, hasta que a comienzos de 1987 se dictó la segunda declaración de inconstitucionalidad, a raíz de la cual la senda a seguir quedó ya claramente trazada.

Fue entonces cuando se iniciaron realmente los trabajos conducentes a la reforma de los tributos LOCALES, que culminarían casi dos años después con la promulgación de la Ley 39/1988, de 28 de diciembre, Reguladora de las Haciendas Locales (LHL). Dado que la legislación de Régimen Local de 1985 no había resuelto ninguna de las dos premisas establecidas en el estudio realizado entre finales de 1980y comienzos de 1981, es decir, la delimitación clara y precisa de las competencias de los Entes locales respecto de las propias de las Comunidades Autónomas y del Estado, y la reducción drástica del número de Entes locales, de Municipios especialmente, existían más de ocho mil doscientos, la mayor parte de ellos de muy escasa población, me es dado afirmar que la reforma de los tributos locales nació completamente discapacitada, permítaseme la expresión. Al problema de la confusión competencial y al del enorme número de Municipios a considerar se añadieron varios factores más, que acabarían convirtiéndose en otras tantas circunstancias incapacitantes de la reforma. Así, por ejemplo, (i) la gran diversidad de tipos de Municipios -grandes, medianos, pequeños, ínfimos, insulares, turísticos, históricos, de montaña, residenciales, industriales, agrícolas, etc.- (ii) la imposibilidad de ampliar la materia imponible objeto de los tributos locales, pues casi todo el espacio fiscal hábil estaba reservado, de una u otra forma, a la fiscalidad estatal y a la autonómica(iii) la decisión del Ministerio de Hacienda de conservar el régimen de censos de actividades económicas y el de valoración catastral de los bienes inmuebles, manteniendo en su esfera las competencias respectivas (iv) la voluntad de los Entes locales de participar, junto al Estado, en la gestión de los impuestos con finalidad censal o base catastral (v) en fin, y por no extenderme más en este punto, la precipitada creación del precio público a costa de la tradicional tasa.

Ciertamente, el margen de maniobra en 1988 era muy estrecho, debido a lo cual (i) en el ámbito impositivo, el legislador se tuvo que conformar con una reordenación y actualización, en ocasiones refundición, de la materia imponible reservada hasta entonces a los impuestos municipales, los provenientes de la imposición municipal autónoma y los provenientes del antiguo sistema fiscal del Estado (ii) en el ámbito de la tasa, tuvo que trasvasar gran parte de su materia imponible a un arcano llamado "precio público" y (iii) en el ámbito de la contribución especial, se contentó con mantener vigente el tributo, en contra de no pocas opiniones doctrinales. Así las cosas, y en esencia, Esas tres líneas operativas arrojaron el siguiente resultado:

a) En el ámbito de la categoría tributaria impuesto, la reforma reordenó y refundió en cinco figuras las seis provenientes de la antigua imposición municipal autónoma y las cuatro provenientes del antiguo sistema fiscal estatal. En concreto:

- se creó el Impuesto sobre Bienes Inmuebles (IBI), que vino a reordenar y refundir la materia imponible objeto, hasta entonces, de las Contribuciones Territoriales Rústica y pecuaria y Urbana y del Impuesto Municipal sobre Solares;
- se creó el Impuesto sobre Actividades Económicas (IAE), que vino a reordenar y refundir la materia imponible objeto, hasta entonces, de las licencias Fiscales de Actividades Comerciales e Industriales y de Profesionales y Artistas y del Impuesto municipal sobre la Radicación, del Impuesto Municipal sobre la Publicidad y del Impuesto Municipal sobre Gastos Suntuarios, excepto en su modalidad de "cotos de caza y pesca", que se ha mantenido vigente hasta nuestros días;
- se creó el Impuesto sobre Vehículos de Tracción Mecánica (IVTM), que vino a reordenar la materia imponible objeto, hasta entonces, del Impuesto Municipal sobre la Circulación de Vehículos;
- se creó el Impuesto sobre Construcciones, Instalaciones y Obras (ICIO), que pretendió reconvertir en impuesto la tasa por expedición de licencias urbanísticas, la cual, en la praxis municipal, venía comportándose como un auténtico impuesto, pretensión esa que, sin embargo, la ley no consiguió finalmente, pues mantuvo la tasa y la hizo compatible con el nuevo impuesto.;
- y se creó el Impuesto sobre el Incremento de Valor de los Terrenos de Naturaleza urbana IIVTNU), que vino a reordenar la materia imponible objeto, hasta entonces, del Impuesto Municipal sobre el Incremento del Valor de los Terrenos.

b) En el ámbito de la categoría tributaria tasa, la reforma operó uno de los cambios más importantes y que más polémica y litigiosidad han generado desde entonces, consistente, esencialmente, en la creación de una nueva categoría financiera, no tributaria, el precio público; y en el trasvase a su ámbito (i) de todos los supuestos de utilización privativa o aprovechamiento especial del dominio público local y (ii) de gran parte de los supuestos de prestación de servicios o realización de actividades administrativas.

c) Por último, en el ámbito de la categoría tributaria contribución especial, la reforma suprimió los supuestos de imposición obligatoria de contribuciones especiales e introdujo algunas otras mejoras técnicas de escasa entidad.

Ni decir tiene que a lo largo de los treinta y cinco años de vigencia del sistema tributario local acabado de enunciar sucintamente, la casi totalidad de las figuras que lo integran han sido objeto de reformas o modificaciones de mayor o menor calado, muchas de las cuales aparecen oportunamente referenciadas en esta obra. Interesa, empero, que nos detengamos brevemente en algunas de ellas:

- me refiero, en primer lugar, a la absolutamente infundada creación, en el IBI, de los llamados "bienes de características especiales" (BICES), la cual, so pretexto de facilitar la valoración catastral de determinados tipos de bienes inmuebles de difícil valoración, llevó a cabo una encubierta elevación de la presión fiscal sobre los bienes calificados como BICES, que lo fueron, además, arbitrariamente;

- me refiero, en segundo lugar, a la no menos infundada mutilación del IAE, cuyo autor intelectual, el entonces presidente del Gobierno, indujo la operación a cambio de un pequeño puñado de votos, y cuyos autores materiales confundieron su oficio de legisladores con el de carniceros;

- me refiero, en tercer lugar, a la integración de la base imponible del ICIO a la que ha conducido la jurisprudencia, absolutamente expansiva y contraria al espíritu y letra de la regulación original del impuesto;
- me refiero, en cuarto lugar, a la reforma del IIVTNU obligada por reiteradas declaraciones de inconstitucionalidad de algunos de los preceptos integrantes de la regulación original de la cuantía del impuesto, de un impuesto injusto y dañino, que nunca se debió haber incorporado al sistema tributario local establecido por la LHL y que, en su defecto, aprovechando las mencionadas declaraciones de inconstitucionalidad, debió haber sido suprimido;
- y me refiero, en fin, al binomio tasa-precio público, cuyas vicisitudes a lo largo de estos treinta y cinco años darían para escribir una novela, en parte de aventuras, en parte de misterio, en parte de miedo, sí, sobre todo de miedo, considerando, por ejemplo, que el agua para el suministro a poblaciones, bien de dominio público donde los haya, se ha convertido en una mercadería de comercio muy lucrativo, y considerando, también por ejemplo, que la fiscalidad sobre los más importantes supuestos de ocupación del dominio público local se ha convertido en un gravamen de naturaleza materialmente impositiva sobre el rendimiento obtenido por los sujetos ocupantes, incluso por algunos que ni siquiera lo son.

Dígase, adicionalmente, que son muchas otras las disfunciones del vigente sistema tributario local que, sumadas a las brevemente expuestas a título meramente ejemplificador, ponen de manifiesto con claridad la necesidad de una profunda reforma del sistema, necesidad que no parecen advertir, sin embargo, ni el poder Ejecutivo ni el Legislativo. Es sobre todo ello, precisamente, sobre lo que versa el presente trabajo del profesor Chico de la Cámara, en el que no solo se reseñan algunas de las más importantes de dichas disfunciones, sino que, además, y especialmente, se formulan propuestas de reforma conducentes a la actualización y modernización de los tributos locales. A tal fin, el trabajo parte de la actual estructura del sistema tributario local, la expone hasta donde es necesario y, acto seguido, formula fundadamente, en cada caso, la propuesta de reforma correspondiente.

Así, por ejemplo, en el ámbito específicamente impositivo:

a) En el caso del IBI, el profesor Chico de la Cámara (i) sugiere la utilización de parte del valor de referencia de los bienes inmuebles para integrar la base imponible del impuesto (ii) se manifiesta contrario a los términos en los que la Ley 12/2023, de 24 de mayo, por el derecho a la vivienda, ha regulado el recargo sobre la cuota del impuesto aplicable a las viviendas desocupadas y (iii) y propone convertir en obligatoria la bonificación del tributo en caso de inmuebles con instalaciones de aprovechamiento de energías renovables, consiguiéndose, así, una mayor ambientalización del impuesto.

b) Por lo que se refiere al IAE, tributo que debería ser objeto de una revisión general, en el trabajo se propone (i) que la actual exención subjetiva a favor de las personas físicas se extienda a todos los sujetos pasivos, pero fijándose un límite de 600.000 euros (ii) se propone la eliminación de la referencia al "mero ejercicio de la actividad", de la formulación del hecho imponible del tributo y (iii) se propone la deducibilidad del impuesto, de la cuota de los impuestos que gravan la renta (IRPF, IS e ISRNR).

c) Para la reforma del IVTM, son varias las propuestas que se formulan:

- Con carácter general, se propone la supresión del Impuesto sobre Determinados medios de Transporte y su absorción por el impuesto municipal.

- En el ámbito del elemento cuantitativo del impuesto, se formulan dos propuestas: de un lado, la fijación de la cuantía del tributo en función del valor del vehículo, gravándose con mayor intensidad los vehículos suntuarios; y de otro, la graduación de la cuota mediante la aplicación de una bonificación cuantificada en función del grado de contaminación ambiental del vehículo.
- Por último, el profesor Chico de la Cámara propone que se sustituya el actual punto de conexión del impuesto, por otros que atiendan a la residencia habitual del sujeto pasivo, en el caso de personas físicas, y al lugar donde esté efectivamente centralizada la gestión administrativa y la dirección del negocio, en el caso de vehículos afectos a actividades económicas. Tratándose de vehículos destinados al transporte de personas o mercancías, se propone, a partir de un número determinado de vehículos, un a modo de cuota nacional a distribuir entre todos los Municipios en función de su población.

d) En cuanto al ICIO, el autor toma en consideración los dos grandes problemas del impuesto, los que yo mismo he reseñado un poco más arriba, y propone sendas posibles soluciones. Así: propone que la base imponible del tributo esté integrada por los costes directos de la obra, excluyendo los indirectos; y propone que la compatibilización del impuesto con la tasa por licencia, la suma de ambos, no pueda exceder el resultado de aplicar el tipo de gravamen máximo del impuesto. Adicionalmente, el autor reconoce la posibilidad de utilizar sistemas de estimación objetiva de la base imponible en las liquidaciones provisionales, pero no en las definitivas, salvo que el sujeto manifieste su conformidad. Por último, en el trabajo se propone no gravar las obras ilícitas, pero sí las ilegales.

e) Como no podía ser de otra forma, en materia de IIVTNU, el trabajo objeto de estas consideraciones realiza una exposición razonada de la problemática que, en el ámbito impugnatorio, entendida esta expresión en sentido amplio, han ocasionado las varias declaraciones de inconstitucionalidad de algunos preceptos de la regulación de la cuantía del tributo, así como la jurisprudencia del Tribunal Supremo, adentrándose el trabajo, también, en el universo de la responsabilidad patrimonial del Estado legislador. Y en otro orden de ideas, el autor critica con fundamento, la nueva regulación del impuesto y propone la sustitución del tributo por un nuevo impuesto municipal sobre las plusvalías inmobiliarias deducible de los que gravan la misma materia en la esfera estatal.

f) Adicionalmente, el autor de la obra propone ampliar el catálogo de impuestos municipales actualmente existentes con un impuesto potestativo sobre estancias turísticas.

g) Y sin salir del ámbito específicamente impositivo, en línea con las más modernas tendencias de la doctrina, el profesor Chico de la Cámara propone dotar al sistema tributario local de figuras impositivas de finalidad ambiental, a cuyo efecto apunta, como mero ejemplo, un impuesto sobre los aerosoles de pintura que coadyuve a financiar los gastos ingentes que genera la aparición de grafitis en las vías públicas.

En el ámbito de la tasa y de las prestaciones patrimoniales de carácter público no tributarias, el profesor Chico de la Cámara (i) alude a la contemplación de nuevos gravámenes ambientales para fomentar la economía circular (ii) propone una nueva tasa por despliegue policial especial en acontecimientos de interés público (iii) sugiere el gravamen que de la ocupación del dominio público se realiza con máquinas expendedoras de productos ("vending machines") y (iv) propone poner fin al sumamente litigioso mundo de la cuantificación de la tasa exigible por el aprovechamiento especial o la utilización privativa que del dominio público local hacen las empresas suministradoras de servicios (telecomunicaciones, electricidad, gas, etc.), mediante la fijación, en todos los casos, de la cuantía del tributo en el 1,5% de la facturación de la empresa en el término municipal, a imagen y semejanza de como prevé la LHL actualmente para algunos casos.

Nada se deja en el tintero el profesor Chico de la Cámara, ni siquiera en lo atinente a las contribuciones especiales, cuya más intensa utilización recomienda, así como también recomienda que la norma exprese con claridad el beneficio especial que ha de derivar, para el sujeto pasivo, de la realización de la obra o del establecimiento o ampliación del servicio público de que se trate.

En fin, no existe, ni existirá, una sola propuesta de reforma del sistema tributario local español que concite la conformidad mayoritaria de académicos, funcionarios y legisladores, pero sí existen algunas propuestas susceptibles de ser acogidas con más aceptación que otras, siendo este el caso de la que el profesor Chico de la Cámara formula en las páginas siguientes. Poco más puedo añadir a lo dicho, solo felicitar al autor y, eso sí, animar al legislador reformista y desear que se ponga a trabajar cuanto antes, material no le falta.

JOSÉ IGNACIO RUBIO DE URQUÍA

Inspector de hacienda del Estado

Ex Subdirector General de Tributos Locales, Ministerio de Hacienda

Abogado

Presentación

La obra que tiene en sus manos, tiene vocación de revisar todas y cada una de las figuras actuales a fin de valorar si deben permanecer aunque sea con ciertos ajustes, o bien, deben sustituirse por otras nuevas o remozadas, al encontrarse claramente en una situación de crisis de identidad, tal como sucede actualmente en nuestra opinión con el Impuesto sobre actividades económicas, con el Impuesto sobre vehículos de tracción mecánica, o con el Impuesto sobre el incremento de valor de los terrenos de naturaleza urbana, entre otros.

Nótese que la configuración actual impositiva data de una reforma de 1988 a raíz de la promulgación de la Ley 39/1988, de 28 de diciembre, reguladora de las Haciendas Locales -en adelante, LRHL-, presentando por tanto una antigüedad de casi treinta y cinco años, y los últimos ajustes de entidad realizados sobre aquel sistema tributario originario tuvieron lugar en el año 2002, a través de la Ley 51/2002, de 27 de diciembre, de reforma parcial de la LRHL, es decir, caminando ya hacia los veinticinco años.

Debe reconocerse que la metamorfosis experimentada en nuestro país desde finales de los años 80 (cuando se acometió nuestro actual sistema tributario local con ocasión de la vigente LRHL) hasta nuestros días, invita a adoptar medidas de gran calado, así que lejos de realizar (mirando con cierta retrospectiva) algunos ajustes normativos cosméticos que no han resuelto la extraordinaria litigiosidad existente en esta esfera, entendemos que es el momento de acometer una reforma profunda que resulta capital por un lado, para reducir la ingente conflictividad tributaria que no coadyuva a descongestionar de expedientes a nuestros tribunales; y por otro, para vigorizar a una Hacienda Pública Local que camina con paso firme en el siglo XXI, y donde la eficiencia ambiental ha dejado desde hace muchos años de ser un modismo, para convertirse en una auténtica necesidad compeliendo a los Poderes Públicos a implementar una serie de medidas proactivas que permitan combatir los efectos perniciosos del cambio climático[1].

El sistema tributario local vigente tiene origen en la Ley 39/1988, por lo que van a cumplirse treinta y cinco años desde que el legislador tributario diseñó básicamente el sistema actual con seis figuras impositivas[2]. A finales del año 2002 se realizaron algunos ajustes a través de la Ley 51/2002, de 27 de diciembre, pero el paso del tiempo ha confirmado que estos cambios no eran sin embargo suficientes para vigorizar el principio de autonomía local y nutrir de todos los recursos económicos que resultan necesarios para conseguir dotar de suficiencia financiera a las Haciendas Locales[3].

---

1 Precisamente en esta línea se ha dictado la Decisión (UE) 2023/852, del Parlamento y del Consejo de 19 de abril de 2023, por la que se modifica la Decisión (UE) 2015/1984, en lo relativo a la cantidad de derechos de emisión que deben incorporarse a la reserva de estabilidad del mercado en el marco del régimen de comercio de derechos de emisión de gases de efecto invernadero en la Unión Europea hasta 2030 (DO L 110 de 25 de abril de 2023, págs. 21 -24.

2 Impuestos sobre bienes inmuebles; sobre actividades económicas; sobre vehículos de tracción mecánica; sobre construcciones, instalaciones y obras; sobre el incremento de valor de los terrenos de naturaleza urbana, y sobre aprovechamiento de cotos de caza y pesca.

3 Los profesores RAMALLO Y ZORNOZA hace ya más de treinta años reconocían el carácter relativo con el que se proclamaba el principio de autonomía financiera de las Entidades Locales en Nuestra Constitución, al requerir junto a los ingresos propios que son limitados, a que el Estado y las Comunidades Autónomas pudieran contribuir a la suficiencia financiera de aquellas mediante un mecanismo ordinario y recurrente de participaciones en sus ingresos; cfr. J. RAMALLO MASSANET y J.J. ZORNOZA PÉREZ, "Autonomía y suficiencia en la financiación de las Haciendas Locales", *Revista de Estudios de Administración Local y Autonómica,* nº 259, 1993, págs. 502 y ss.

La necesidad de ambientalizar los distintos impuestos locales no permite en nuestra opinión mayor dilación. Así, resulta infundado el temor a la *pérdida* de recaudación con ocasión de la implementación de determinados beneficios fiscales en la futura reforma en favor de aquellos agentes económicos que utilicen energías renovables, pues dicha ausencia de ingresos para las Corporaciones Locales podría compensarse íntegramente con un *incremento* de la presión fiscal para aquellos que sean más contaminantes, por lo que el establecimiento de estos incentivos de corte ambiental en realidad generarían un efecto neutro en términos de recaudación siguiendo la teoría de Nash mediante un "juego de suma cero".

El Libro Blanco elaborado en el año 2022 por la comisión de personas expertas realiza un exhaustivo estudio con numerosas propuestas de reforma del sistema tributario. Sin embargo, se ha optado por no abordar en su conjunto la financiación del sistema tributario local (salvando algunas referencias concretas al IVTM -propuesta número 8[4]-, así como la recomendación de eliminar el IAE, pero sin que se especifique expresamente qué figura tributaria serviría para compensar dicha pérdida importante de recaudación, pues nótese que la supresión de este impuesto podría estimarse que implicaría una merma de recursos para los municipios de alrededor 1.672.000 € siguiendo los datos de la Secretaría General de Financiación autonómica y local que acompañamos:

---

4 En particular, el Libro Blanco sobre la reforma tributaria de 2022 (pág. 274) sostiene que el actual IVTM debería "ambientalizarse", sustituyendo en su diseño el gravamen en función de la potencia fiscal por indicadores representativos del daño medioambiental. De entre las alternativas disponibles para esta transformación, podría utilizarse la diferenciación según categoría ambiental del vehículo (Euro) u otros indicadores de impacto medioambiental (certificación de eficiencia energética, etiquetas de clasificación de vehículos de la DGT, etc.).

ESTRATOS DE POBLACIÓN	IBI	IVTM	IIVTNU	IAE	ICIO	Resto impuestos indirectos (*)	Resto de impuestos directos	TOTAL IMPUESTOS DIRECTOS E INDIRECTOS
>1.000.000 hab.	2.257.653	203.704	701.389	233.328	139.157	136.581	242.209	**3.914.021**
De 500.001 a 1.000.000 hab.	715.205	127.430	151.000	119.184	54.740	61.816	72.071	**1.301.447**
De 100.001 a 500.000 hab.	2.977.857	541.708	483.587	414.213	242.468	338.982	235.387	**5.234.203**
De 50.001 a 100.000 hab.	1.979.977	301.494	377.865	201.123	142.149	292.372	87.588	**3.382.567**
De 20.001 a 50.000 hab.	2.383.063	408.936	314.457	240.429	199.232	60.435	2.184	**3.608.736**
De 5.001 a 20.000 hab.	2.566.957	485.259	321.145	261.258	210.131	44.686	14	**3.889.449**
≤ 5.000 hab.	1.713.090	330.585	99.664	202.392	183.047	13.082	329	**2.542.189**
TOTAL MUNICIPIOS	**14.593.802**	**2.399.116**	**2.449.107**	**1.671.928**	**1.170.924**	**947.955**	**639.781**	**23.872.612**

Fuente: "Haciendas Locales en cifras 2021"- Secretaría General de Hacienda Autonómica y Local, octubre-2023, pág. 50.

En consecuencia, entendemos que cercanos a cumplir el cuarto de siglo desde que se acometió la última reforma parcial de nuestro sistema tributario local, y una vez constituidas legítimamente las Corporaciones Locales tras las elecciones municipales de mayo de 2023, no existe ninguna justificación para seguir demorando una revisión integral de éste[5], haciendo nuestra la frase célebre de Herbert George Wells: *¿por qué se ha de temer a los cambios? toda la vida es un cambio…*

---

5 Confiemos como ha señalado J.I. RUBIO DE URQUÍA con gran sentido del humor, que no tengamos que recibir la respuesta al preguntarnos, "¿perspectivas de reforma de Haciendas Locales?: *vuelva otro día*"; cfr. ¿Perspectivas de reforma de las Haciendas Locales?, *Revista Tributos Locales*, nº 109, 2013, pág. 9.

Capítulo I

Hacia una necesaria reforma de la tributación local

1. INTRODUCCIÓN

De acuerdo con los datos extraídos del último informe hasta la fecha conocido, "Haciendas Locales en cifras 2021", elaborado por la Secretaría General de Hacienda Autonómica y Local, podemos resaltar cómo los ingresos derivados del IBI (con un poco más del 25 por 100) y las transferencias corrientes de la Administración General del Estado (con casi el 23 por 100) son los recursos que tienen más peso del conjunto de ingresos que reciben los Ayuntamientos para su financiación:

CONCEPTOS DE INGRESOS	Importe (miles de €)	% sobre TOTAL INGRESOS	% sobre TOTAL INGRESOS NO FINANCIEROS
IBI	14.593.802	24,39%	25,83%
IVTM	2.399.116	4,01%	4,25%
IIVTNU	2.449.107	4,09%	4,33%
IAE	1.671.928	2,79%	2,96%
Resto Imp. Directos	639.782	1,07%	1,13%
ICIO	1.170.924	1,96%	2,07%
Resto Imp. Indirectos	947.955	1,58%	1,68%
Tasas	5.507.249	9,21%	9,75%
Precios públicos	563.523	0,94%	1,00%
Resto Capítulo 3	2.255.005	3,77%	3,99%

Ingresos Patrimoniales (Cap. 5 y 6)	1.295.443	2,17%	2,29%
Transferencias corrientes de la AGE	12.607.686	21,07%	22,31%
Transferencias corrientes de las CC. AA.	4.910.565	8,21%	8,69%
Transferencias corrientes de las Diputaciones	2.657.366	4,44%	4,70%
Transferencias corrientes otros sectores	317.830	0,53%	0,56%
Transferencias de capital	2.512.680	4,21%	4,45%
INGRESOS NO FINANCIEROS	56.499.958	94,44%	100,00%
Ingresos Financieros (cap. 8 y 9)	3.325.044	5,56%	
TOTAL INGRESOS	**59.825.002**	**100,00%**	

Fuente: "Haciendas Locales en cifras 2021", Secretaría General de Hacienda Autonómica y Local, octubre-2023, pág. 42.

Por otro lado, debe resaltarse la sobre ponderación recaudatoria tan importante que tiene el IBI frente al resto de las figuras impositivas, teniendo los municipios una dependencia especialmente importante al representar en términos absolutos un 61 por 100 en relación con el conjunto de impuestos:

Impuestos municipales

(Capítulos 1 y 2 de ingresos)

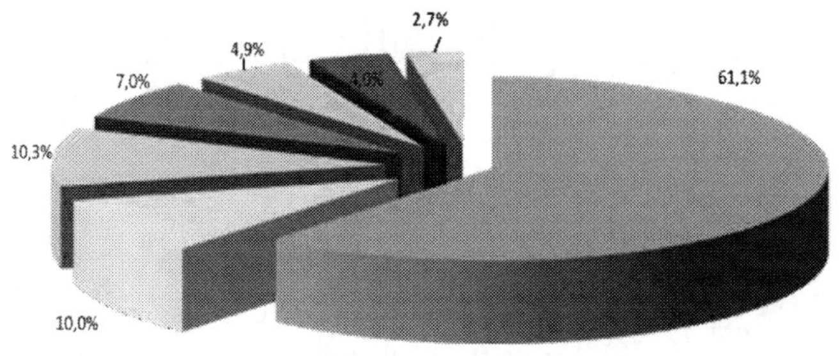

Fuente: "Haciendas Locales en cifras 2021", Secretaría General de Financiación autonómica y local, octubre -2023, pág. 50.

Debe reconocerse que tradicionalmente el IBI siempre ha sido el impuesto por antonomasia que más ha contribuido a la recaudación de entre toda la cesta de impuestos (en torno a un 50 por 100) seguido del IVTM (11 por 100), y del ICIO (15 por 100). Con la llegada de la recesión económica y el "desplome" del precio de los inmuebles con el "estallido" de la burbuja inmobiliaria, el peso del ICIO (que grava como es sabido la actividad constructora) ha ido descendiendo de forma significativa (hasta el 4 por 100), pronunciándose más la diferencia entre el IBI (62,10 por 100) y el segundo de los tributos tradicionales con mayor dependencia, IVTM (que se mantiene con un 10,30 por 100), y ya se separa de forma considerable del tercero (IAE) que desde el hundimiento de la recaudación del ICIO se mantiene de forma estable en un 7 por 100 de la entrada total de ingresos por impuestos. Aunque la tabla recogida *supra* solo distingue entre figuras "impositivas", debe también subrayarse la importancia que ha adquirido desde hace años las tasas donde los Ayuntamientos han encontrado un caladero de recursos de gran interés recaudatorio configurándose como señalaremos más adelante como una importante entrada de ingresos que compense la pérdida sistemática de recursos procedentes de todos aquellos tributos que gravitan sobre el sector inmobiliario ante el descenso considerable de transmisiones patrimoniales de estos últimos años (IITVNU). Así las cosas, con la promulgación de la LRHL de 1988 se ha propiciado la creación por las Corporaciones Locales de distintas tasas que han incidido en la ocupación del dominio público (v.gr. tasas sobre la utilización privativa y aprovechamientos especiales de tendidos eléctricos y gaseoductos, sobre la telefonía móvil, sobre cajeros automáticos, de vados, etc.) conformándose como una fuente periódica y estable de ingresos.

La actual configuración impositiva regulada en la Ley 39/1988, Reguladora de las Haciendas Locales (en adelante, LRHL) atesora una antigüedad de treinta y cinco años, y nótese que los últimos cambios normativos globales experimentados en el citado cuerpo normativo datan de hace más de veinte años con ocasión de la promulgación de la Ley 51/2002, de 27 de diciembre, de reforma parcial de la LRHL.

Obsérvese así mismo que la situación de la España de finales de los años 80 cuando se aprobó la actual LRHL no es la misma que la que tenemos actualmente por lo que la reforma del sistema tributario local se nos antoja necesaria con el fin de adaptarse a la nueva situación económica y jurídica de un país que camina hacia el cuarto de siglo y que se enfrenta al cumplimiento de determinados compromisos como son los derivados de la "agenda 2030"[1].

Así se señala en el informe de la Agenda 2030 que el sistema energético español tiene una gran dependencia de las denominadas energías fósiles por lo que "existen poderosas razones no sólo climáticas sino de seguridad energética y balanza exterior para reconducir esa dependencia, hacia un sistema energético más eficiente y basado en energías renovables, recursos (viento, sol, biomasa e hidráulica) ampliamente disponibles en nuestro territorio"[2].

Así mismo, en relación con la contaminación de residuos sólidos también el Plan de acción se manifiesta aludiendo a que "España es muy vulnerable al cambio climático y por ello debe trabajar en la mitigación de los riesgos y en la adaptación a aquél. Las prioridades de actuación en esta materia pasan por reducir el impacto ambiental negativo de las ciudades, atendiendo especialmente a la calidad del aire y a la gestión de residuos, reducir los efectos negativos derivados de los desastres, tanto en términos de daños materiales como humanos, con especial atención a poblaciones vulnerables, y proteger el patrimonio cultural y natural".

---

1 Vid. el siguiente enlace sobre el plan de acción para la implementación de la agenda 2030: PlanAccion_implementacion_Agenda2030.pdf (transparencia.gob.es)

2 Vid. *Ibidem*, pág. 37

Además, la FEMP ha de ostentar un papel protagonista en este contexto erigiéndose como "entidad palanca para el impulso de la agenda 2030"[3].

II. APUESTA POR UN NUEVO MODELO DE FINANCIACIÓN DE LOS AYUNTAMIENTOS QUE REVITALICE LA AUTONOMÍA LOCAL QUE PROCLAMA EL ART. 140 CE

El art. 140 de Nuestra Carta Magna es meridianamente clara cuando prescribe que la Constitución garantizará la *autonomía* de los municipios[4]. Por su parte, el art. 142 del mismo cuerpo legal proclama la "*suficiencia financiera* de las Haciendas Locales en los siguientes términos al afirmar que "*las Haciendas Locales deberán disponer de los medios suficientes para el desempeño de las funciones que la ley atribuye a las Corporaciones respectivas y se nutrirán fundamentalmente de tributos propios y de participaciones en los del Estado y de las Comunidades Autónomas*"[5].

---

3 Vid. *Ibidem*, pág. 121.

4 Este artículo puede completarse con el art. 149.1.14ª del mismo Texto Fundamental por la que se establece competencia en exclusiva al Estado para la "Hacienda General", por lo que la materia local puede ser regulada dentro de sus competencias por los Ayuntamientos en base a sus singularidades. En esta línea puede contextualizarse la redacción de la DA 4ª de la Ley General Tributaria (en adelante, LGT) nominada "Normas relativas a las Haciendas Locales" cuando establece en su apartado 3º que "*las entidades locales, dentro del ámbito de sus competencias, podrán desarrollar lo dispuesto en esta Ley mediante la aprobación de las correspondientes ordenanzas fiscales*".

5 Precisamente el profesor CALVO ORTEGA, sostiene en relación con el art. 142 CE que "este precepto, no sólo establece la suficiencia financiera sino, además, obtenida a través, fundamentalmente de tributos propios. Se trata de una declaración de la mayor importancia que obliga al legislador ordinario a crear y mantener un sistema tributario que cumpla esta exigencia, sin que pueda ser suplida por otro tipo de ingresos (patrimoniales o participación en los ingresos del Estado), que no

Entendemos que en base a estos postulados constitucionales, el Estado tendría que conceder mayores cuotas de autonomía estableciendo una descentralización financiera más intensa en la línea de lo que esta Administración Central ha ido cediendo con el paso de los años en favor de las Comunidades Autónomas, máxime por cuanto no debe perderse de vista que el art. 133.2 de Nuestra Constitución sitúa en el mismo nivel competencial a las Comunidades Autónomas y a las Corporaciones Locales cuando afirmar que *"las Comunidades Autónomas y las Corporaciones Locales podrán establecer y exigir tributos de acuerdo a la Constitución y a las leyes"*[6].

Es cierto que desde un punto de vista de competencia constitucional no se encuentran en un mismo plano las Comunidades Autónomas y las Corporaciones Locales por cuanto las primeras gozan del instrumento normativo de la ley para poder regular por sí mismas sus propias fuentes de ingresos, a diferencia de las segundas que dependen en gran parte de la generosidad del Estado (o en su caso, de las Comunidades Autónomas estableciendo por ejemplo recargos sobre impuestos creados por éstas como así ha

---

podrán tener carácter principal en términos cuantitativos"; cfr. R. CALVO ORTEGA, *La reforma de la Hacienda Municipal,* Cuadernos Civitas, Thomson Reuters, Madrid, 2010, pág. 27. Obsérvese que acuerdo con la jurisprudencia constitucional, la autonomía financiera de un municipio gravita por la propia determinación y ordenación de los ingresos y gastos necesarios para el ejercicio de sus funciones (STC. 63/1986, de 21 de mayo -FJ 2º).

6 Con cierta ironía J.I. RUBIO URQUÍA apunta con su buena pluma que pese a esta disposición constitucional, el Estado mantuvo "en el ámbito de su propio sistema tributario la mayor parte de la materia imponible susceptible de ser gravada significativamente; y lo poco que entregó de ese espacio tributario se lo entregó a las Comunidades Autónomas por medio del régimen de cesión de tributos del Estado a dichos Entes, atribuyéndoles el rendimiento de determinados impuestos estatales. De esta forma -concluye el autor con gran acierto- a las Entidades Locales sólo les quedó el espacio tributario que habían venido ocupando tradicionalmente", cfr. "Los tributos locales treinta años después", *Revista Tributos Locales,* nº 97, 2010, págs. 14 y 15.

sucedido como veremos en estos últimos años con determinados tributos ambientales) en orden a dotar de contenido sustancial dicho precepto para evitar que se quede en una simple declaración de intenciones[7].

Para ello, abogamos para que el Estado se emplee al máximo en un futuro estableciendo con generosidad distintas vías de financiación a fin de que los Ayuntamientos puedan decidir de acuerdo a su autonomía local cuál de éstas son las más adecuadas de acuerdo a la idiosincrasia particular de cada municipio[8]. En esta línea, proponemos que los Ayuntamientos tras la correspondiente habilitación y configuración de sus elementos esenciales por el Estado, decidan si implementan en su demarcación territorial distintos impuestos que tengan como denominador común el fomento de la sostenibilidad ambiental[9].

---

7 Sostiene S. AGUADO MANZANARES cómo sigue pendiente una histórica reivindicación del municipalismo en pro de una descentralización en favor de los municipios a diferencia de la ya existente en beneficio de las Comunidades Autónomas; cfr. La financiación local en España. Especial referencia a la plusvalía municipal", en la obra colectiva dirigida por S. AGUADO MANZANARES y C. CÁMARA BARROSO, CEF, 2019.

8 Esto explica que el Estado originariamente a través de la promulgación de la LRHL estableciera en su momento un elenco de impuestos obligatorios y otros potestativos (art. 59 LRHL) y así mismo, en los distintos impuestos también disfruten de la facultad de articular determinadas bonificaciones que la Ley configura como "potestativas" (arts. 74, 88.2, 95.6, 103.2, y 108.4º, 5º y 6º LRHL para que cada municipio decida libremente si son o no implementadas en su demarcación territorial). Nótese que recientemente el Tribunal Supremo ha negado la posibilidad de que los Ayuntamientos al amparo del principio constitucional de autonomía local ex art. 140 CE se vean arrogados de competencia para establecer bonificaciones tributarias que no estén amparadas en una norma con rango de ley, tal como sucedió con el Ayuntamiento de Bergara (Gipuzkoa) al implementar en su ordenanza de la tasa por instalaciones deportivas municipales una bonificación del 30 por 100 para aquellos que estuvieran empadronados en la citada localidad.

9 Nótese que el Tribunal Constitucional en la famosa sentencia que tuvo que enjuiciar el Estatuto de Cataluña (STC. 31/2010, de 28 de junio

En el estudio que iniciamos trataremos de abordar aquellos aspectos de la tributación local que requieren de una revisión profunda a fin de avanzar en el necesario a la vez que equitativo empoderamiento de las Haciendas Locales en base a los principios constitucionales de autonomía y suficiencia financiera local que cimientan esta relación jurídica de la Administración Central con los municipios[10].

III. EL LIBRO BLANCO PARA LA REVISIÓN DEL MODELO DE FINANCIACIÓN LOCAL DE 2017

Por acuerdo del Consejo de Ministros de 10 de febrero de 2017, se constituyó la Comisión de expertos para la revisión del modelo de financiación local actuando como Presidenta Dña. Ana Muñoz Merino.

Dicha Comisión estuvo formada por diez miembros (cinco vocales nombrados por el Ministerio de Hacienda y Función Pública, y otros cinco por la FEMP), que fueron distribuyendo sus trabajos de forma paralela a través de dos Subcomisiones (*Financiación y Presupuestos,* coordinada por Javier Suárez Pandiello; y *Tributos y Procedimientos,* coordinada por Pablo Chico de la Cámara), y poniendo posteriormente en común sus avances periódicos con el fin de ir alcanzando acuerdos en cada una de las distintas sesiones plenarias celebradas hasta su presentación final en julio de 2017.

-FJ 140-) ya se reafirmó de su doctrina anterior defendida en la STC. 233/1999 -FJ 22- matizando que la potestad originaria para crear tributos locales queda atribuida exclusivamente al Estado a través de la competencia exclusiva que le reconoce la Constitución en materia de Hacienda General (art. 149.1.14 CE).

10 Vid. sobre el principio de suficiencia, por todos, J. PAGÉS I GALTÉS, "La reforma de las Haciendas Locales en aras a la consecución del principio de suficiencia financiera", *Civitas. REDF,* nº 114, 2002, págs. 210 y ss.

Aunque el Libro Blanco ha cumplido ya siete años[11], hasta la fecha las distintas conclusiones advertidas y las propuestas de reforma apuntadas por dicha Comisión no han tenido respuesta por parte del legislador. La única modificación de cierto calado ha tenido origen a través de la reforma parcial del Impuesto sobre el incremento de valor de los terrenos de naturaleza a través del Real Decreto Ley 26/2021, de 8 de noviembre[12], y en realidad, no puede afirmarse que se deba a ningún interés especial por parte del legislador de acometer ninguna reforma, sino más bien de rellenar la laguna legal producida con ocasión de la inconstitucionalidad y nulidad de determinados preceptos del impuesto cuyo *estoque final*, como es sabido, tuvo lugar con ocasión del último pronunciamiento dado por el Alto Tribunal sobre esta materia a través de la STC. 182/2021, de 26 de octubre. Así que la reforma global e integral del sistema tributario local que se nos antoja necesaria para dar contenido a los principios de autonomía y suficiencia financiera que proclaman los arts. 140 y 142 de Nuestra Carta Magna se aquieta y tendrá que seguir esperando…

IV. LAS REFERENCIAS A LA IMPOSICIÓN LOCAL CONTENIDAS EN EL LIBRO BLANCO DE LA REFORMA TRIBUTARIA DE 2021

Con fecha de 12 de abril de 2021 se creó por Resolución de la Secretaría de Estado de Hacienda, el Comité de personas expertas para elaborar el Libro Blanco sobre la reforma tributaria,

---

11 Dicho informe "en abierto" publicado por el IEF puede descargarse a través del siguiente enlace: https://www.ief.es/docs/destacados/publicaciones/libros/lb/2018_ReformaFinanciacionTerritorial.pdf

12 Un comentario a las modificaciones llevadas a cabo a través del Real Decreto Ley 26/2021, de 8 de noviembre, puede encontrarse en nuestro trabajo "Algunos comentarios de urgencia a la remozada *"plusvalía municipal"*: crónica de una muerte anunciada *(ius condendum)*", *Tributos Locales*, nº 153, 2021, págs. 346-366.

teniendo como *leitmotiv* analizar el sistema tributario en su conjunto permitiendo su modernización y adaptación al contexto actual.

La profundidad del estudio es plausible, sin embargo, se echa de menos un capítulo independiente proponiendo medidas de calado en el sistema tributario local, más allá de las que existen con gran interés relativas a la ambientalización de los impuestos que gravan la circulación de vehículos a motor.

En las siguientes páginas apuntaremos distintas propuestas individualizadas para cada una de las distintas prestaciones patrimoniales públicas coactivas fundamentalmente de naturaleza tributaria que integran el compacto sistema local vigorizando la proclamación constitucional de autonomía y suficiencia financiera de nuestros municipios.

Capítulo II

Propuestas de mejora del impuesto sobre bienes inmuebles (IBI)

I. PLANTEAMIENTO

El IBI tiene una posición clave en nuestro ordenamiento tributario por cuanto no solo se erige en la figura impositiva que genera mayor recaudación para las Haciendas Locales, sino que además, cumple una función capital de índole censal y de control del sistema tributario en su conjunto[1]. Nótese además que constituye un "nicho de gravamen" de fácil control para el Ente Público impositor por la falta de movilidad de bases imponibles de este impuesto, con lo que su punto de conexión queda estrechamente unido a la situación de los bienes en el municipio donde se gravan[2].

---

1 Nótese que este impuesto existe en otros ordenamientos de nuestro entorno jurídico cumpliendo igualmente una función capital de carácter censal y control (v.gr. en Alemania -*Grundsteuer*-, Reino Unido -*property tax*-, Italia -*Imposto municipale unico*-, Francia -*Taxe Foncière*-, o Portugal -*Imposto municipal sobre imóveis*-, entre otros).

2 Precisamente el hacendista MUSGRAVE ha aplaudido la oportunidad de que dicho impuesto sobre la propiedad se circunscriba al ámbito local ajustándose al concepto de federalismo conforme al cual los distintos niveles de gobierno deben proveer beneficios de servicios dentro de sus límites territoriales y pagar por ellos en cada demarcación municipal; cfr. MUSGRAVE, R.A., *"Commentary"*, en OATES, *Property taxation and local government finance. Essays in honor of C. Lovell Harriss*, Lincoln and Institute of Land Policy, Cambridge, Mass, 2001, pág. 342. En la doctrina española, J. RAMALLO MASSANET y J. ZORNOZA PÉREZ, han criticado esta sobreponderación de la materia imponible patrimonial en la configuración de la tributación local

2. ARGUMENTOS QUE DESACONSEJAN LA "PERSONALIZACIÓN" DE ESTE IMPUESTO REAL

Con vistas a una futura reforma, se ha abierto una discusión sobre si dicho impuesto podría "individualizarse" introduciendo mecanismos de corrección en función de las circunstancias personales y familiares de los titulares patrimoniales.

Esta cuestión precisamente dio lugar a un enriquecedor debate en la comisión de expertos para la reforma de la financiación local del año 2017, generándose dos tipos de opinión contrapuestas.

Por un lado, se erigió una posición mayoritaria que no era partidaria de introducir dichos elementos en este tributo real, por cuanto entendía que produciría diferencias sustanciales en la carga tributaria entre municipios, generando además distorsiones de naturaleza fiscal en las decisiones económicas y personales, lo que comprometería la recaudación del tributo al dificultarse su gestión, liquidación y control.

Por otro lado, esta postura convivió en los debates con otra posición minoritaria que defendía el papel de los tributos como instrumento de política económica de acuerdo al art. 2 de la Ley General Tributaria (en adelante, LGT). Así las cosas, se aboga por una implementación de elementos de corrección (beneficios fiscales y recargos) como mecanismo de modulación de la capacidad económica de los titulares de inmuebles. En particular, se ha defendido la introducción de incentivos fiscales en este tributo dirigidos a la protección al medio ambiente (art. 45 CE), al enriquecimiento del patrimonio histórico, cultural y artístico de los pueblos (art. 46 CE), al acceso a la vivienda (art. 47 CE), o a las

---

al afirmar que "el sistema tributaria local continúa anclado en una concepción anticuada de la riqueza, ligada a la propiedad inmobiliaria, con las secuelas de rigidez y falta de elasticidad inherente a este tipo de propiedad inmobiliaria"; cfr. "Autonomía y suficiencia en la financiación de las Haciendas Locales", ob. cit., pág. 510.

políticas de integración de las personas con discapacidad (art. 49 CE)[3].

En nuestra opinión, no somos partidarios de la implementación de elementos de personalización y graduación de la alícuota del tributo en base a la capacidad económica potencial del obligado tributario, por cuanto generaría distorsiones en la configuración de este impuesto de naturaleza real. Además, descartamos el empleo de este tributo como instrumento de política-social pues ya existe la alternativa de introducir subvenciones directas vía gasto público para cumplir con estos fines de ordenación. Así las cosas, descartamos la graduación de tipos de gravamen en función de la capacidad económica del titular catastral. En primer lugar, porque nos encontramos ante un impuesto real (no personal). Además, no debe olvidarse que la base imponible al gravitar actualmente sobre el valor catastral, ya va a soportar un mayor gravamen aquél que resulta titular de un bien inmueble con un valor catastral más elevado por lo que la progresividad del sistema tributario que proclama nuestro legislador constitucional ya resulta perfectamente operativa también en la esfera local, por cuanto este impuesto como venimos señalando es el que más ponderación tiene en la recaudación tributaria de los Ayuntamientos. Por último, generaría distorsiones en aquellos casos en que los inmuebles estén arrendados, al tratarse de una información que generalmente no obra en poder de los Ayuntamientos por lo que requiere de una coordinación absoluta con las distintas Administraciones territoriales[4].

---

3 Vid. *Informe de la Comisión de expertos para la revisión del modelo de financiación local,* IEF, Madrid, 2017, pág. 27.

4 Nótese que no todos los Ayuntamientos cuentan con un Instituto o Agencia públicos de vivienda (v.gr. a nivel de IVIMA en la Comunidad de Madrid) por lo que los medios técnicos para el control de las situaciones de arrendamientos gravitan por la información que le pueda dar directamente la Consejería de Hacienda de dicha Comunidad Autónoma, o en la esfera estatal a través de la AEAT mediante los modelos de autoliquidación de IRPF) (100), o del IS e IRNR (modelo 200).

III. REFORMULACIÓN DEL VALOR CATASTRAL

De acuerdo al principio de capacidad económica, entendemos que el criterio para someter a gravamen aquellos tributos cuyo objeto fin sean bienes inmuebles podría gravitar sobre la clasificación clásica de valor de "intercambio", y valor de "uso"[5].

Así las cosas, podría seguirse un doble criterio de valoración:

- Por un lado, en aquellos tributos de devengo instantáneo que gravan el valor de mercado con ocasión de una transacción económica (v.gr. *Impuesto municipal sobre el incremento del valor de los terrenos de naturaleza urbana*, pero también otros tributos extramuros de la tributación local como son el ISD, ó TPO, así como el valor de enajenación a efectos de determinar la ganancia ó perdida de patrimonio en IRPF), la base imponible debería estar conformada por el actual "valor de referencia" que tiene actualmente una vocación natural de reflejar el "valor de mercado" del bien inmueble[6].
- Por otro lado, en aquellos impuestos periódicos que tengan un destino de "uso" prolongado en el tiempo (v.gr. *IBI*) debería conformarse por el "valor de disfrute" que podría

---

5 Sobre el particular, vid. K,TIPKE, *Steuerrechtsordnung*, Köln, Verlag, Dr. Otto Schmidt, vol. II, 1993, pág. 851. El propio Tribunal Supremo en Sentencia de 19 de junio de 2018 (RC. 1670/2017), ha reconocido que no debe aplicarse para las distintas figuras tributarias siempre el mismo valor, sino que puede variar en función de su propia configuración legal.

6 Aunque es cierto que el apartado primero de la DF tercera de la LCI prescribe que "la Dirección General del Catastro determinará de forma objetiva *y con el límite del valor de mercado,* a partir de los datos obrantes en el Catastro, el valor de referencia, resultante del análisis de los precios comunicados por los fedatarios públicos en las compraventas inmobiliarias efectuadas" (la cursiva es nuestra), cabe entender que dicho criterio de valoración tiene vocación de acercarse lo más posible (aunque eso sí, sin que pueda exceder) al valor de mercado *ex* art. 23.2 LCI.

configurarse por una fórmula forfetaria en base a un tanto por ciento del mismo "valor de referencia". En orden a determinar el *quantum* del hecho imponible podría ser útil el porcentaje lineal mínimo que regula el art. 12 de la LIS para calcular el importe de amortización desacelerada de los inmuebles (1 por 100)[7]. Nótese que el principio de seguridad jurídica reclama que la base imponible de los distintos tributos sea predecible en beneficio de los operadores económicos y así reducir las altas cuotas de litigiosidad en este ámbito.

Nótese que actualmente la Dirección General del Catastro adscrita al Ministerio de Hacienda tiene competencia para elaborar dos tipos de valores: el "valor catastral" y el "valor de referencia" de conformidad con el art. 27 y DF tercera del RDL. 1/2004, que regula la Ley del Catastro Inmobiliario (en adelante, LCI) respectivamente[8]. Hasta la fecha, el segundo no ha tenido relevancia práctica en la imposición municipal, pero sí el primero, que se ha empleado para determinar la base imponible del IBI, del IIVTNU, o de determinadas tasas por ocupación de dominio público. En aras de reforzar el principio de seguridad jurídica por la tendencia práctica de los Ayuntamientos de petrificar el valor catastral (nótese que pueden permanecer inalterados hasta un plazo máximo de diez años ex art. 28.3.a) LCI) y el carácter cuasi

---

7 Transcribimos parcialmente la tabla de amortizaciones del art. 12 LIS a fin de cuantificar lo que podría ser el "valor de uso" de los inmuebles:

TIPO DE ELEMENTO	PORCENTAJE LINEAL MÍNIMO DE AMORTIZACIÓN
Obra civil	1%

8 Nótese que la Dirección General del Catastro cumple una función basilar en nuestro ordenamiento jurídico al elaborar un mapa cartográfico de todos los inmuebles localizados en el territorio español, así que junto a dicha función de inventario inmobiliario, también resulta de interés que pueda poner a disposición de la Administración y administrados una información igualmente capital como es la determinación de cuál es su valor objetivo de mercado.

"inatacable" de la ponencia de valores para los administrados[9], aconsejamos que dicho valor catastral pudiera convertirse en un futuro en un tanto por ciento del valor de referencia[10].

IV. AMBIENTALIZACIÓN DEL IMPUESTO

Actualmente el art. 74.5 TR. LRHL establece una bonificación de carácter potestativo cuyo límite máximo es el 50 por ciento de la cuota íntegra del impuesto.

Fue introducida por el Real Decreto-Ley 2/2003, de 25 de abril, y en su art. 14, estaba restringida a inmuebles destinados a viviendas. En la actualidad, y según la redacción del art. 74.5 de la LRHL, se amplía a todos los bienes inmuebles que cumplan las

---

9 Nótese que la ponencia de valores se determina a través una fórmula ciertamente compleja regulada a través de unas normas técnicas de valoración aprobadas por el Decreto 1020/1993, de 25 de junio. En particular, el valor catastral se halla a través de la siguiente fórmula matemática:
- VC: 1,40 (Vc + Vr) FL x RM
- Dichas siglas se corresponden con los siguientes elementos:
- VC: Valor catastral
- 1,40: Coeficiente que fija los gastos de producción y beneficios
- Vc: Valor de la construcción
- Vr: Valor de repercusión del suelo
- FI: Factor de localización:
- RM. Referencia al mercado – (0,5).

10 No parece ser hasta la fecha la intención del Ministerio de Hacienda y Función Pública que en la comparecencia de 18 de abril de 2018 de la Secretaría de Financiación Autonómica y Local con objeto de informar sobre los Presupuestos Generales del Estado para el año 2018 (Diario de Sesiones del Congreso de los Diputados nº 491, págs. 48 y 49) puso de manifiesto que la incorporación del valor de referencia a través de la citada Ley de Presupuestos no supone un cambio en la determinación del valor catastral, señalando que los valores catastrales en el IBI se van a seguir determinando mediante ponencias, diferenciando el nuevo "valor de referencia", que vendría a ser un "valor de mercado anual", frente al tradicional "valor catastral" que no varía.

siguientes condiciones en las instalaciones de sistemas de aprovechamiento térmico o eléctrico:

- Deben contar con instalaciones de sistemas de aprovechamiento de energía solar, que pueden ser de dos clases:
    1. *Térmica*, aprovechamiento de la energía solar mediante colectores que calienten el agua. Nótese que estas instalaciones deberán estar homologadas mediante certificado expedido por la Administración competente. La homologación está regulada por el Real Decreto 891/1980, de 14 de abril, y la Orden del Ministerio de Industria y Energía, de 28 de Julio de 1980 (RCL 1980, 1862).
    2. *Eléctrica*, se aprovecha la energía solar para la producción de electricidad, no requiriendo estos sistemas de la correspondiente homologación.
- En la anterior redacción del art. 75.5 de la Ley 39/1988 se condicionaba el derecho a la bonificación a que esta energía se utilizara para el autoconsumo. En la redacción del art. 74.5 de la LRHL ha desaparecido el término autoconsumo, por lo que debe entenderse que independientemente del propio consumo dicha energía puede ser utilizada para otros fines.

Así mismo, adviértase que se trata de una bonificación que tiene carácter rogado y debe ser solicitada por el sujeto pasivo, pues los Ayuntamientos no pueden concederla si los interesados no han puesto en conocimiento de aquéllos, con carácter previo, que los inmuebles cumplen los requisitos exigidos para su aplicación.

Pues bien, con el fin de dar cumplimiento al art. 2.1 *in fine* LGT que permite establecer tributos con fines de política económica[11],

---

11 Así las cosas, en aras de dar cumplimiento a los objetivos de la "Agenda 2030" reduciendo las emisiones de efecto invernadero en al menos un 55 por 100, el legislador tributario local podría convertir la boni-

entendemos que debería ambientalizarse aún más el IBI transformando la bonificación "potestativa" actual en una bonificación "obligatoria" sobre aquellos inmuebles que tengan instalados sistemas para el aprovechamiento de energías renovables.

Entendemos que el Estado y las Comunidades Autónomas (donde esta última tiene competencia en materia de vivienda *ex* art. 148.1.3ª CE) deberían compensar a los Ayuntamientos por este incentivo fiscal (en la misma línea que lo establece la DA 10ª en relación al IAE y la previsión que contempla el art. 9.2 LRHL) para evitar que la pérdida de recaudación por dicho incentivo descanse únicamente en el municipio[12], pues debe reconocerse

---

ficación potestativa actual a una obligatoria lo que incentivaría la instalación de paneles solares por los titulares de dichos inmuebles. En efecto, siguiendo al Tribunal Constitucional, "la ausencia en la Constitución de una definición del modelo de sistema tributario aplicable y, por tanto, su indefinición, habilitan al legislador estatal para realizar su conceptuación jurídica en cada momento, entre diferentes alternativas, en atención a las circunstancias económicas subyacentes y a las necesidades sociales a las que se pretenda dar cobertura. Es evidente que el constituyente no quiso definir el modelo de sistema tributario aplicable, ni tampoco restringir la acción del legislador más allá de los límites que le ha impuesto, dejándole un importante ámbito de posibilidades para configurar el sistema tributario y para articular cada tributo no sólo como un instrumento de recaudación, *sino también como un vehículo a través del cual alcanzar los fines que la Constitución le impone*" (la cursiva es nuestra) [STC 19/2012, de 15 de febrero, FJ 3 b) y c)]. Precisamente J.E. VARONA ALABERN, califica la implementación de bonificaciones fiscales de naturaleza ambiental en el IBI, como un supuesto de extrafiscalidad "impropia", por cuanto sin comprometer la recaudación tributaria el legislador local ha incluido dichos incentivos fiscales por entender que requieren de una especial protección jurídica. Así las cosas, en puridad no podría hablar de un tributo "propiamente" extrafiscal, sino de un tributo con algún elemento extrafiscal; cfr. *Extrafiscalidad y dogmática tributaria*, Marcial Pons, Madrid, 2009, pág. 23.

12 Nótese que con la legislación anterior pero cabe entender que resulta también aplicable con la vigente LRHL, el Tribunal Supremo ha cerrado la puerta a la vía de la compensación ex art. 9.2 LRHL, afirmando que no existe una obligación por parte del Estado a tener que compen-

que tal como está configurada actualmente, no existen grandes motivaciones (más allá de la propia ecológica idealizada de sostenibilidad ambiental de los gobernantes del consistorio) para incentivar a su implementación en la ordenanza[13].

V. ESTABLECIMIENTO DE UN NUEVO IMPUESTO POTESTATIVO SOBRE INMUEBLES RESIDENCIALES DESOCUPADOS

La Ley 51/2002, de reforma parcial de la LRHL, habilitó a través del art. 72.4 *in fine*, la posibilidad de que los Ayuntamientos pudieran establecer un recargo hasta el 50 por 100 de la cuota líquida del impuesto sobre inmuebles residenciales que se encuentren desocupados en las condiciones que se determinen reglamentariamente[14].

---

sar a los Ayuntamientos que decidieron implementar una bonificación en el IBI en favor de los concesionarios de autopistas; vid. las SSTS. de 23 de diciembre de 2010 (RC 5518, 5523, 6958/2009, 423/2010) y de 13 de enero de 2014 (RC 1651/2011).

13 Algunos autores han propuesto con buen criterio el establecimiento de un impuesto estatal sobre bienes inmuebles con emisiones de CO2 cuyo sujeto pasivo sería toda persona física o jurídica titular del derecho real de propiedad, la determinación de la base imponible se fijaría en atención a las emisiones potenciales de C02 de las viviendas de conformidad con el certificado de eficiencia energética que regula el RD. 390/2021, de 1 de junio, y la tarifa sería gradual en función de la etiqueta energética del inmueble de tal forma que su gravamen incidirá en base a la mayor o menor eficiencia energética del inmueble; cfr. A. DE LA CUEVA GARCÍA y B. GARCÍA CARRETERO, "Diseño de un nuevo impuesto sobre las emisiones de C02 de los bienes inmuebles", *Documento de trabajo*, 3/2023, págs. 217 y ss.

14 Sobre el particular, puede consultarse los trabajos de J.E. VARONA ALABERN, "El sedicente recargo del IBI sobre las viviendas desocupadas con carácter permanente", *Quincena Fiscal*, 18, 2020; M. ALONSO GIL, "La anómala tributación de la vivienda vacía: especial referencia a las medidas de gravamen en el ámbito local", *Revista Tributos Locales*, nº 132, 2017, págs. 37 y ss.; M, FERNANDEZ JUNQUERA, M, "Divergencias

Sin embargo, esta regulación inicial no fue acompasada con el preceptivo desarrollo reglamentario estatal o autonómico para definir las situaciones de "desocupación", lo que llevó a distintos Tribunales Superiores de Justicia de Comunidades Autónomas a anular aquellos recargos que habían sido aprobados únicamente a través de una ordenanza municipal por apreciar un exceso reglamentario (vid. las SSTSJ. De Andalucía de 14 de enero de 2010 -134/2018- y 4 de mayo de 2015; así como de Cataluña de 22 de julio de 2011 -535/2011-; y de Asturias de 16 de febrero de 2015 -93/2015-)[15].

Para corregir esta situación de ausencia de habilitación, el Decreto Ley 7/2019, de medidas urgentes en materia de vivienda y alquiler, reguló esta cuestión permitiendo que cada Comunidad Autónoma pudiera concretar el plazo mínimo que requiere de desocupación para su exigencia.

Más recientemente, la DF 3ª de la Ley 12/2023, de 24 de mayo, por el derecho a la vivienda, ha modificado de nuevo el art. 72.4

---

jurisprudenciales relativas al recargo sobre determinadas viviendas en el IBI", Revista *Tributos locales,* núm. 120, 2015, págs. 13 y ss.; GALAPERO FLORES,R. "El recargo en el IBI sobre las viviendas desocupadas", *Revista Tributos Locales,* nº 128, 2019; NAVARRO GARCÍA, A.: «Medidas fiscales para garantizar el derecho de acceso a la vivienda: el recargo del IBI y otras medidas tributarias sobre las viviendas desocupadas», *Revista Tributos locales,* nº 123, 2016; y J.Mª. CHAMORRO GONZÁLEZ J.M., "El recargo del IBI sobre bienes de uso residencial desocupados con carácter permanente", *Revista Tributos locales,* n.º 120, 2015, págs. 29 y ss.

15 Sin embargo, respecto al régimen foral de Gipuzkoa el Tribunal Constitucional a través del Auto 109/2017, de 18 de julio, no admitió la cuestión prejudicial planteada por la Sala de lo contencioso-administrativo del Tribunal Superior de Justicia del País Vasco que se cuestionaba si un recargo del 150 por 100 de la cuota líquida del IBI de los Ayuntamientos guipuzquanos podía resultar inconstitucional por vulnerar los principios de capacidad económica y de igualdad tributaria, entendiendo que dicho gravamen al configurarse como un instrumento de política económica al igual que existe para la imputación de rentas inmobiliarias en el IRPF no resulta contrario a dichos axiomas constitucionales.

del TR. LRHL incrementando el recargo en función del número de inmuebles y del tiempo de desocupación. Así las cosas, la nueva redacción establece los siguientes recargos:

- Del **50 por 100** de la cuota líquida para inmuebles de uso residencial siempre que se encuentren "desocupados con carácter permanente", entendiéndose que concurre dicha circunstancia cuando se trate de un inmueble cuyo titular tenga cuatro o más inmuebles de uso residencial, y dicha desocupación sea de forma continuada y sin causa justificada, por un plazo superior a dos años.
- Del **100 por 100** de la cuota líquida para inmuebles en las mismas circunstancias cuyo período de desocupación sea superior a tres años, pudiendo modularse en función del período de tiempo de desocupación.
- Así las cosas, se deja discrecionalidad a cada Ayuntamiento para que a partir de los tres años, si lo desea pueda graduar el recargo en función del tiempo de desocupación más o menos larga.
- A su vez, los ayuntamientos podrán aumentar el porcentaje de recargo anterior correspondiente, **otros 50 puntos** porcentuales adicionales en el caso de que el titular tenga dos o más inmuebles de uso residencial y se encuentren desocupados en el mismo término municipal.
- Quedarán excluidos de dicha aplicación del recargo si la desocupación se deba a alguna de las siguientes causas:

El traslado temporal por razones laborales o de formación, el cambio de domicilio por situación de dependencia o razones de salud o emergencia social, inmuebles destinados a usos de vivienda de segunda residencia con un máximo de cuatro años de desocupación continuada, inmuebles sujetos a actuaciones de obra o rehabilitación, u otras circunstancias que imposibiliten su ocupación efectiva, que la vivienda esté siendo objeto de un litigio o causa pendiente de resolución judicial o administrativa que impida el uso y disposición de la misma o que se trate de inmuebles cuyos titulares, en condiciones de mercado, ofrezcan en venta, con un máximo de un año en esta situación, o en alquiler, con un máximo de seis meses en esta situación.

El recargo, se devengará el 31 de diciembre y se liquidará anualmente por los ayuntamientos, una vez constatada la desocupación del inmueble en tal fecha, juntamente con el acto administrativo por el que esta se declare. La declaración municipal como inmueble desocupado con carácter permanente exigirá la previa audiencia del sujeto pasivo y la acreditación por el Ayuntamiento de los indicios de desocupación, a regular en dicha ordenanza, dentro de los cuales podrán figurar su no empadronamiento en el municipio del inmueble, o los derivados de consumos de servicios de suministros.

El establecimiento de este recargo puede animar al mercado de compraventa de inmuebles, pero no al de arrendamientos[16], que seguirá en nuestra opinión repuntando precios al alza mien-

---

16 Esto explica que algún autor en aras de dar contenido al art. 43 CE respecto del derecho a una vivienda digna, se decante por proponer un impuesto potestativo a las viviendas desocupadas descartando la regulación del recargo municipal que tanta conflictividad ha generado en estos años; cfr. M.ALONSO GIL, "Propuestas de reforma en el IBI", en la obra colectiva *Aspectos de interés para una futura reforma de las Haciendas Locales,* Tirant lo Blanch, Valencia, 2019, pág. 39. Alguna autora sin embargo, critica abiertamente esta medida de gravar los bienes inmuebles desocupados, calificándolo de "calvario fiscal" por cuanto se ha convertido en un "verdadero blanco" para la imposición tributaria ejercida por las distintas Administraciones con competencias fiscales, ya sean estatales, autonómicas y locales. A ello hay que añadir que el continuo incremento del gasto por parte de las Administraciones hace que se busquen ingresos de forma deses-

tras no se acompañe esta medida con otras que favorezcan a los arrendadores (v.gr. bonificaciones en el IBI, así como mayores reducciones de la base imponible en el IRPF por las rentas que perciban)[17].

---

perada"; cfr. R. GALAPERO FLORES, "El recargo en el IBI sobre las viviendas desocupadas", *ibidem*, pág.140.

17 Precisamente, el art. 23.2 LIRPF ha sido también objeto de una nueva redacción a través de la nueva Ley 12/2023, reduciendo la actual reducción del 60 por 100 al 50 por 100, pero incorporando otras de mayor porcentaje (90, 70 ó 60 por 100 respectivamente) para incentivar al arrendador a que arriende inmuebles en zonas de mercado tensionadas con rebajas de más del 5 por 100 en el importe del arrendamiento en relación con el contrato anterior; o para inquilinos con edad comprendida entre 18 y 35 años que arrienden inmuebles en zonas también con precios tensionados, o en actuaciones de rehabilitación:

«2. En los supuestos de arrendamiento de bienes inmuebles destinados a vivienda, el rendimiento neto positivo calculado con arreglo a lo dispuesto en el apartado anterior, se reducirá:

a) En un ***90 por ciento*** *cuando se hubiera formalizado por el mismo arrendador un nuevo contrato de arrendamiento sobre una vivienda situada en una zona de mercado residencial tensionado, en el que la renta inicial se hubiera rebajado en más de un 5 por ciento en relación con la última renta del anterior contrato de arrendamiento de la misma vivienda, una vez aplicada, en su caso, la cláusula de actualización anual del contrato anterior.*

b) En un ***70 por ciento*** *cuando no cumpliéndose los requisitos señalados en la letra a) anterior, se produzca alguna de las circunstancias siguientes:*

1.º Que el contribuyente hubiera alquilado por primera vez la vivienda, siempre que ésta se encuentre situada en una zona de mercado residencial tensionado y el arrendatario tenga una edad comprendida entre 18 y 35 años. Cuando existan varios arrendatarios de una misma vivienda, esta reducción se aplicará sobre la parte del rendimiento neto que proporcionalmente corresponda a los arrendatarios que cumplan los requisitos previstos en esta letra.

2.º Cuando el arrendatario sea una Administración Pública o entidad sin fines lucrativos a las que sea de aplicación el régimen especial regulado en el título II de la Ley 49/2002, de 23 de

En nuestra opinión, la reforma de la LRHL podría establecer un impuesto potestativo sobre las viviendas vacías quedando a la

---

diciembre, de régimen fiscal de las entidades sin fines lucrativos y de los incentivos fiscales al mecenazgo, que destine la vivienda al alquiler social con una renta mensual inferior a la establecida en el programa de ayudas al alquiler del plan estatal de vivienda, o al alojamiento de personas en situación de vulnerabilidad económica a que se refiere la Ley 19/2021, de 20 de diciembre, por la que se establece el ingreso mínimo vital, o cuando la vivienda esté acogida a algún programa público de vivienda o calificación en virtud del cual la Administración competente establezca una limitación en la renta del alquiler.

c) ***En un 60 por ciento*** *cuando, no cumpliéndose los requisitos de las letras anteriores, la vivienda hubiera sido objeto de una actuación de rehabilitación en los términos previstos en el apartado 1 del artículo 41 del Reglamento del Impuesto que hubiera finalizado en los dos años anteriores a la fecha de la celebración del contrato de arrendamiento.*

d) ***En un 50 por ciento,*** *en cualquier otro caso.*

Los requisitos señalados deberán cumplirse en el momento de celebrar el contrato de arrendamiento, siendo la reducción aplicable mientras se sigan cumpliendo los mismos. Estas reducciones sólo resultarán aplicables sobre los rendimientos netos positivos que hayan sido calculados por el contribuyente en una autoliquidación presentada antes de que se haya iniciado un procedimiento de verificación de datos, de comprobación limitada o de inspección que incluya en su objeto la comprobación de tales rendimientos. En ningún caso resultarán de aplicación las reducciones respecto de la parte de los rendimientos netos positivos derivada de ingresos no incluidos o de gastos indebidamente deducidos en la autoliquidación del contribuyente y que se regularicen en alguno de los procedimientos citados en el párrafo anterior, incluso cuando esas circunstancias hayan sido declaradas o aceptadas por el contribuyente durante la tramitación del procedimiento. Tampoco resultarán de aplicación las reducciones en relación con aquellos contratos de arrendamiento que incumplan lo dispuesto en el apartado 6 del artículo 17 de la Ley de Arrendamientos Urbanos. Las zonas de mercado residencial tensionado a las que podrá resultar de aplicación lo previsto en este apartado serán las recogidas en la resolución que, de acuerdo con lo dispuesto en la legislación estatal en materia de vivienda, apruebe el Ministerio de Transportes, Movilidad y Agenda urbana.»

competencia de cada Ayuntamiento si lo impone o no a sus ciudadanos[18].

VI. RECARGO SOBRE AREAS DE PROMOCIÓN ECONÓMICA URBANA

Con el fin de financiar estas áreas económicas, consideramos que los sujetos beneficiarios podrían quedar sujetos a la aplicación de un recargo en la cuota íntegra por cuanto sus titulares además de ver cómo se revaloriza el valor de sus inmuebles, podrán también beneficiarse de determinados servicios que se prestan en estas zonas comerciales.

Otra alternativa gravitaría por el establecimiento de una contribución especial al objeto de financiar hasta el 90 por 100 de las obras con el fin de facilitar la construcción de dichas áreas comerciales que sin duda revitalizarían dicha zona.

---

18 En Francia, el art. 232 del *Code général des Impôts* impone obligatoriamente a determinados municipios donde existen zonas tensionadas entre la oferta y la demanda, el denominado "*Taxe sur les logements vacants*" (impuesto sobre las viviendas vacías), y siempre que no hayan sido ocupadas más de 90 días consecutivos al año. Por su parte, en Portugal se establecen tipos incrementados sobre aquellos inmuebles vacíos por más de dos años (art. 112-B del *Código do Imposto Municipal sobre Imóveis*).

Capítulo III

Propuestas de mejora en el Impuesto sobre actividades económicas

El Impuesto sobre actividades económicas (en adelante, IAE) nace con ocasión de la aprobación de la LRHL de 1988 fruto de la refundición de las antiguas Licencias Fiscales de Actividades Comerciales e Industriales y de Profesionales y Artistas, del Impuesto sobre Radicación, del Impuesto sobre la Publicidad y del Impuesto sobre Gastos Suntuarios, que quedaron a partir de la entrada en vigor de dicha Ley derogadas con excepción de la modalidad de aprovechamientos de caza y pesca[1].

Hasta la reforma operada por la Ley 51/2002, de 27 de diciembre, el IAE constituía la segunda más importante fuente de ingresos para los Ayuntamientos[2]. Sin embargo, a partir del 1 de

---

1 Sobre el particular, puede consultarse las monografías de ANÍBARRO PÉREZ, S., *La sujeción al Impuesto sobre Actividades Económicas,* Mc Graw Hill, 1997; CAZORLA PRIETO, L.Mª., *Impuesto sobre Actividades Económicas y Deporte,* Aranzadi, 1996. GARCÍA-FRESNEDA GEA, F., *El impuesto sobre actividades económicas: régimen jurídico vigente y perspectivas de reforma,* Comares, 1996. PÀGES I GALTÉS, J., *Manual del Impuesto sobre Actividades Económicas,* Marcial Pons, 1995. POVEDA BLANCO, F., *El Impuesto sobre Actividades Económicas. Comentarios y análisis práctico,* Ediciones Deusto, 1999; y RUBIO DE URQUIA, J.I, *El Impuesto sobre actividades económicas,* El Consultor de los Ayuntamientos y los Juzgados, 1990. RUBIO DE URQUÍA, J.I., y ARNAL SURIA,S., *Ley Reguladora de las Haciendas Locales,* Publicaciones, Abellá, Madrid, 1989.

2 Precisamente la Comisión para el estudio y propuestas de medidas para la reforma de la financiación de las Haciendas Locales ya se hizo eco en el año 2002 de la importante recaudación que se obtenía a través de este impuesto (más de 1.800 millones de euros frente a los 1.600 millones que se recoge en el informe anual "*Haciendas Locales en cifras*: 2020"); cfr. *Informe para la reforma de la financiación de las Haciendas Locales,* Ministerio de Hacienda-IEF, Madrid, 2002, pág. 65. En nuestra opi-

enero de 2003, la recaudación de dicho tributo tras la exención para todas las personas físicas y para aquellas personas jurídicas con una cifra de negocio inferior a un millón de euros, quedó sensiblemente mermada[3], de tal forma que actualmente ha perdido posiciones hasta ser el cuarto solo por delante del ICIO de entre las cinco figuras impositivas locales por antonomasia[4].

---

nión, su sexta posición actual en el ranking se debe al incremento de la presión fiscal de todos los tributos sin excepción, frente a las tarifas del IAE que se encuentran petrificadas en el tiempo desde hace décadas.

3 Incluso algún autor ha llegado a calificarlo de "certificado de defunción" (cfr. J.I. RUBIO DE URQUIA, "Los tributos locales ante su inminente reforma. Una encrucijada histórica", Revista Tributos Locales, nº 1, 2000, pág. 13), así como de "impuesto herido de muerte" tras la reforma producida por la Ley 51/2002. En efecto, reproducimos por su interés el juicio crítico realizado por J.I. RUBIO URQUÍA, al afirmar que "la supresión parcial del IAE, además de no resolver ni una sola de las "maldades" que se venían imputando al tributo y de condicionar la "reforma" de los restantes tributos locales, contaminando burdamente el conjunto del sistema tributario local, ha colocado al tributo en una situación de extrema debilidad e indefensión. En efecto, el IAE transformado adolece, desde cualquier perspectiva, de vulnerabilidad absoluta; y su fenecimiento depende exclusivamente del ánimo combativo de cualquiera de las entidades que permanecen en tributación efectiva. Se está pues, y he aquí el gran logro de la reforma, ante un impuesto herido de muerte"; cfr. "El IAE: un impuesto herido de muerte", Tributos Locales, nº 26, 2003, págs. 12 y ss. Así mismo, algún otro autor ha calificado de "eutanasia" el proceso llevado a cabo por el Gobierno con la reforma de la Ley 51/2002, cfr. SUÁREZ PANDIELLO,J., "Impuesto sobre actividades económicas: ¿Terapia o eutanasia?", *Papeles de Economía Española*, nº 92, 2002.

4 Siguiendo el informe "Haciendas Locales en cifras 2021", el IAE recaudó 1.671.928 € en dicho año:

IMPUESTO	**RECAUDACIÓN**
IBI	14.593.802 €
IIVTNU	2.449.107 €
IVTM	2.399.116 €
IAE	**1.671.928 €**
ICIO	1.170.924 €

La comisión de personas expertas en el Libro Blanco sobre la reforma del Sistema Tributario de 2021 ha recomendado la supresión de dicho tributo justificándolo entre otros motivos por su diseño arcaico o por su excesiva incidencia en las decisiones de localización e inversión de las entidades. Según la comisión, *"buena parte de estas deficiencias se deben a que el IAE es un impuesto indiciario, con una estructura anacrónica y unos indicadores y módulos arcaicos que pretenden aproximar el beneficio medio presunto de una actividad económica. Por ese motivo, el tributo no se adecúa a un impuesto moderno basado en los principios de eficiencia y la capacidad de pago"*[5].

Frente a dicha posición, sin embargo, nosotros valoramos de forma muy positiva la pervivencia del impuesto reivindicando su importante función censal para el control de las actividades económicas y su sujeción en paralelo a las distintas figuras de nuestro sistema tributario (tasas locales por ocupación del dominio público, e impuestos estatales sobre la renta principalmente).

Ahora bien, la actual exención en el *IAE* sobre las personas físicas no se justifica en base al principio de capacidad económica como medida de igualdad, además de que produce una quiebra en la neutralidad del impuesto favoreciendo a las personas físicas frente a aquellas entidades jurídicas que con un mismo volumen de negocio ejercen sin embargo la misma actividad.

Es cierto que el Tribunal Constitucional ya se pronunció hace ya más de quince años sobre esta cuestión, pero en nuestra opinión, el argumento empleado para inadmitir el recurso de amparo de una entidad jurídica que consideraba que se le estaba discriminando con su sujeción frente a las personas físicas que quedaban exentas resultó ciertamente endeble. En efecto, el ATC 72/2007, de 27 de febrero, no admitió dicho recurso de la entidad jurídica haciendo suyos los argumentos de la Fiscalía General del Estado que defendía su inadmisión pues en caso de estimarle sus pretensiones en ningún caso "la entidad recurrente dejaría de ser sujeto pasivo del IAE, ni tampoco se vería alterada su cuota

---

5 Cfr. Libro Blanco sobre la reforma Tributaria (2022), págs. 469-470.

tributaria"[6]. Vendría básicamente a incidir en la argumentación de que con dicha denuncia lo que buscaría es lacerar a aquellas personas físicas que ejercieran una actividad económica pero esta reivindicación no alcanzaría en cualquier caso a liberarle de la carga tributaria.

Ahora bien, el art. 83.1.c) establece una discriminación positiva en favor de todas las personas físicas en detrimento de las personas jurídicas que con una misma cifra de negocio que las primeras quedarían sujetas al impuesto sin que en nuestra opinión exista una fundamentación constitucional que justifique esta diferencia de trato. En la esfera de la UE, son recurrentes los pronunciamientos del TJUE declarando la discriminación por razón de igualdad entre nacionales y residentes de la Unión Europea dejando al Estado miembro libertad para suprimir dicha diferenciación eliminándola, o bien ampliación su aplicación a cualquier persona comunitaria. No entendemos por ello la argumentación del Tribunal Constitucional para inadmitir dicho recurso de amparo, pues una vez declarada por el Alto Tribunal dicha disposición como inconstitucional siempre podría el legislador para el restablecimiento de esta situación al orden constitucional extender la exención hasta el millón de euros también a las personas jurídicas por lo que dicho pronunciamiento del Tribunal Cons-

---

6 Reproducimos por su importancia el argumento empleado por el Tribunal Constitucional para despachar el tema de forma tan controvertida:
"No puede acogerse a la exención otorgada a todas las personas físicas, ya que se trata de una sociedad anónima, ni tampoco a la exención prevista para los sujetos pasivos del impuesto sobre sociedades cuyo importe neto de cifra de negocios sea inferior a un millón de euros, dado que su cifra de negocios supera ese concreto límite legalmente establecido. Pero es que, además, Solema SA. tampoco pretende ser beneficiaria de la misma, sino que lo que pretende es que tal exención sea suprimida y dejen de disfrutar de ella sus actuales beneficiarios. Por consiguiente, la eventual declaración de inconstitucionalidad del referido art. 83.1 c) LHL, ninguna trascendencia tendría respecto de la conformidad o disconformidad a Derecho del acto impugnado, puesto que no ha sido dictado en aplicación del precepto cuestionado.

titución sí podría tener relevancia para la entidad recurrente *ad futurum.*

En esta misma línea, también resulta discutible que se tome como referencia para determinar su sujeción o no al impuesto la cifra de negocio de una entidad pues dependiendo del objeto social de la entidad será más o menos fácil alcanzar dicho límite de un millón de euros, y en consecuencia, estar obligados a tributar por dicho impuesto[7]. Así, por ejemplo, piénsese en empresas constructoras *versus* empresas de tornillos, dándose la paradoja de que estuvieran sujetas las primeras por haber vendido un único activo pero tener un precio de venta de un millón de euros pero sin embargo, estar en pérdidas por los importantes gastos que generó su venta (alquiler de negocio, comerciales, publicidad, etc.), frente a las segundas que han tenido un importante beneficio pero no han superado dicha cifra de negocio por lo que quedan exoneradas del citado impuesto, amén del error de salto que establece el art. 83.1.c) LRHL fijando la cifra de negocios por importe de 1.000.000 € para su sujeción *versus* 9.999.999 € declarando la exención).

---

7 En todo caso, el Tribunal Constitucional parece avalar la constitucionalidad del IAE en relación con la configuración controvertida del hecho imponible en base al "mero ejercicio", por cuanto la capacidad económica sujeta a gravamen no es la renta "real" derivada de la actividad de producción (que tributará en otras figuras, como el impuesto sobre sociedades), sino la renta "potencial" puesta de manifiesto por el ejercicio de una actividad económica, con independencia de sus resultados, pues grava el «mero» ejercicio " (STC 120/2018, de 31 de octubre, FJ 4 b), afirmando años atrás que "las cuotas tributarias derivadas de aplicar las tarifas del impuesto se exigen en función de esa riqueza potencial que el legislador atribuye al ejercicio de una actividad económica durante un año natural" (STC 122/2012, FJ 6). La constitucionalidad de un tributo en base a elementos de renta "potenciales" y no reales no es original, pues el Alto Tribunal lleva defendiendo dicha posición desde las pioneras SSTC 37/1987 (impuesto andaluz sobre tierras infrautilizadas, 186/1993 (impuesto extremeño sobre dehesas mal aprovechadas), y 295/2006 (el gravamen en IRPF de los bienes inmuebles desocupados).

Para corregir esta disfunción difícilmente compatible con el principio constitucional de capacidad económica[8], entendemos que debería corregirse esta discriminación subjetiva equiparándose a la misma cifra de negocio que opere para la sujeción a las personas jurídicas. Así mismo, proponemos reducir el límite de la exención hasta los 600.000 € de cifra de negocio como medida de eficacia recaudatoria de este impuesto[9]. Su configuración técnica como "impuesto" en lugar de "tasa" (tributo sinalagmático) refuerza la justificación de los beneficios que se presume percibirá su titular con ocasión del "ejercicio" de la actividad económica. Ahora bien, podría quedar salvado su reproche de inconstitucionalidad (en base a los principios de justicia tributaria anidados en el art. 31 CE) si se revisa el aspecto material del hecho imponible eliminando la referencia actual al "mero ejercicio" (que no es un índice directo de la capacidad económica) permitiéndose deducir el gravamen municipal en la cuota íntegra de los Impuestos sobre la renta (IRPF, IS e IRNR)".

---

8 En esta misma línea, ya se manifestó años atrás, E. ARAGONÉS BELTRÁN, E., tras la reforma del IAE denunciando la vulneración del principio de igualdad tributaria; cfr. ibidem, págs. 155 y ss. Igualmente S. ANÍBARRO PÉREZ afirmaba que el aspecto más criticable de la reforma del impuesto por la Ley 51/2002, es "que se haya optado por unos criterios a la hora de configurar una exención que afecta a más del noventa por ciento de los sujetos pasivos del IAE que no responden o que no ajustan a la verdadera riqueza de dichos sujetos, lo que vuelve a alejar a este impuesto de los requerimientos del principio constitucional de capacidad contributiva, pero ahora, si cabe, con menor justificación"; cfr. Ibídem, pág. 96.

9 Este límite estaría en coherencia con el que obliga la LIRPF para determinar la base imponible de empresarios y profesionales en estimación directa normal de conformidad con el art. 30.1.2º LIRPF.

En nuestra opinión, y aplicando la doctrina del Tribunal Constitucional al caso que nos ocupa[10], el IAE podrá resultar constitucional de acuerdo a la capacidad económica *absoluta* (como fundamento de la imposición) por cuanto grava una riqueza "potencial" ("mero ejercicio"), adoptando características de las "tasas". Ahora bien, si somos coherentes con su naturaleza propia de "impuesto", a fin de que también sea respetuosa con la capacidad económica *relativa* (como criterio, parámetro o medida de la imposición[11]), la normativa debería establecer un supuesto de "exención" en aquellos casos en los que el administrado acredite "pérdidas anuales en "su" actividad económica", salvando así la crítica de que dicho impuesto no debería someter a gravamen a sujetos (aunque sean personas jurídicas) con "beneficios inexistentes" (y con independencia de que sea a partir de una cifra de negocio determinada) a riesgo de tropezar con los principios de capacidad económica y de la prohibición de confiscatoriedad proclamados en el art. 31 CE[12]. Sin embargo, no lo ha entendido así el Tribunal Supremo a través de los pronunciamientos a los que se ha visto obligado

---

10 Vid. entre otras, las SSTC. 26/2017 (FJ 3º), 59/2017 (FJ 3º), 72/2017 (FJ 3º), 126/2019 (FJ 4º), y 182/2021 (FJ 3º), todas relativas al Impuesto sobre el incremento de valor de naturaleza urbana pero que son perfectamente aplicables al IAE.

11 Así, siguiendo la más reciente STC 67/2023, de 6 de junio, la capacidad como medida de imposición requiere que "sobre todo en los impuestos, rija la capacidad económica no solo en la elección de los hechos imponibles, sino también en la de los métodos impositivos o medidas técnicas que, partiendo de la realización de esa manifestación de capacidad económica tipificada, conduzcan a la determinación de la cuantía del tributo" (FJ 3º).

12 Así mismo, M. ALONSO GIL, sugiere el establecimiento de "un mínimo exento en favor de aquellos obligados tributarios con pérdidas o con beneficios reducidos, a fin de no gravar rentas ficticias o inexistentes o que pudieran resultar confiscatorias, y de esta forma aproximar el IAE al principio de capacidad económica"; cfr. "Apología contracorriente de un impuesto sobre actividades económicas reformado", *Revista Tributos Locales*, nº 160, 2023, pág. 112.

a pronunciarse con ocasión de los recursos presentados por el sector del juego de casinos (SSTS. 23 y 26 de enero -RC 8716 y 8725/1998- 6 y 11 de febrero -RC 10.705 y 10.749/1998- y 31 de mayo de 2004 -RC 5935/1999)[13].

Algunos autores precisamente para salvar esta situación de inequidad abogan por su transformación en un impuesto sobre las actividades económicas contaminantes[14]. En nuestra opinión, la futura reforma del Impuesto podría servir para que el legisla-

---

13 En efecto, a juicio del Alto Tribunal, dicho impuesto no puede calificarse de inconstitucional por vulneración del principio de capacidad económica, pues "las Bases 3 y 4 fijan los principios generales de la cuantificación de las cuotas de Tarifa, en función de que, primero, las cuotas no podrán exceder del 15% del beneficio medio presunto de la actividad gravada; segundo, a las actividades que presenten escaso rendimiento se les señalará cuota cero, y, tercero, para la fijación de las cuotas se tendrá en cuenta la superficie de los locales en los que se desarrolle la actividad; y ese tope máximo del 15%, susceptible, doctrinalmente, de ser conceptuado como una especie de estimación objetiva global en sentido impropio, ha sido objeto de acerbas críticas (porque puede obedecer, a veces, a manifestaciones económicas no reales o ficticias), pero no debe olvidarse que es un límite fijado para un impuesto, el IAE, que es objetivo y real, de modo que, además, lejos de todo subjetivismo individualizado, ese 15% de referencia no puede ser aplicado a cada concreto contribuyente sino a sectores económicos en general".

14 En efecto, P.M. HERRERA MOLINA y A. TANDAZO, RODRÍGUEZ, sostienen "que no existe una justificación «objetiva y razonable» para que el IAE no grave la capacidad económica «real» cuando el beneficio de las sociedades ya se mide de modo directo y se somete a gravamen por el correspondiente impuesto estatal" y que "las tarifas del IAE constituyen el único medio de estimación del tributo (no cabe renunciar a ellas para tributar con arreglo a una estimación directa), y la cuota que de ellas resulta no está en proporción -ni siquiera de modo aproximado- con los beneficios reales", por lo que para salvar estas críticas podría plantearse como alternativa la posibilidad de transformar el vigente Impuesto sobre Actividades Económicas en un tributo sobre el impacto contaminante de dichas actividades; cfr."¿Deberían establecerse impuestos ambientales de carácter local sobre grandes establecimientos comerciales o sobre

dor implementase en las tarifas (actual art. 85 LRHL) una base gradual a través de un coeficiente multiplicador o reductor en función de la incidencia en el medio ambiente de dicha actividad económica. Dicha base reguladora sería concretada ulteriormente por Decreto Legislativo[15], lo que permitiría adecuar de forma ágil la actividad de cada sujeto en función del grado de eficiencia y sostenibilidad ambiental. Nótese que actualmente, la Instrucción del IAE aprobada por RDL. 1175/1990, de 28 de septiembre, incorpora un capítulo III ("régimen de cuotas") que incluye una regla 14ª denominada "elementos tributarios" que podría abrir paso a la inclusión de este coeficiente de eficiencia ambiental de la actividad.

Por último, tampoco existe hoy día justificación técnica para seguir manteniendo el prorrateo de cuotas por trimestres en los casos de alta o baja en el censo del impuesto (art. 89.2 LRHL). Los avances tecnológicos permiten fácilmente realizar un cálculo por "días" para evitar generar tensión con los principios de capacidad económica y de proporcionalidad. Obsérvese que la informática del siglo XXI (a la que habría que añadir en estos últimos tiempos la irrupción de la IA) permiten sin dificultad calcular el importe exacto de cuota a pagar sin que pueda apelarse a razones de simplificación en la gestión para justificar su gravamen en base a un principio de capacidad económica "potencial". Así mismo, el principio de proporcionalidad exige que se grave en base a capacidades económicas reales, máxime por cuanto el prorrateo por "días" se trata de una medida fácilmente implementable por el legislador español por lo que resulta idónea, necesaria, y razonable en términos de proporcionalidad de acuerdo a la jurisprudencia

---

otras actividades económicas?, *Revista Tributos Locales*, nº 159, 2022, págs. 59 y 60.

15 Nótese que el art. 85.1 LRHL establece que las tarifas del impuesto, en las que fijarán las cuotas mínimas, así como la Instrucción para su aplicación, se aprobarán por Decreto Legislativo del Gobierno, que será dictado en virtud de la presente delegación legislativa al amparo de lo dispuesto en el art. 82 de la Constitución.

constitucional[16]. Esto explicaría el pronunciamiento del Tribunal Supremo (SSTS. de 30 de mayo de 2023 -RC 1622 y 2323/2022-) reconociendo el derecho de los administrados a impugnar las liquidaciones administrativas por el tiempo que duró el "estado de alarma" durante la pandemia, a través de la promulgación del RD. 463/2020, de 14 de marzo, que como es sabido, reguló el confinamiento ("*lackdown*") de los ciudadanos con el consiguiente cierre de una parte muy importante de negocios, lo que conforme al principio de capacidad económica resulta plenamente aplicable una rebaja proporcional de la cuota, con la consiguiente impugnación del Impuesto por las entidades mercantiles *Emprendimientos hoteleros Valencia SL y Traentro XXI SL* respectivamente (dedicadas a la hostelería y hospedaje) llevando recientemente al Alto Tribunal a estimar íntegramente sus pretensiones frente al Ayuntamiento de Valencia[17].

---

16 Vid. por todas las SSTC. 55/1996, de 28 de marzo, 207/1996, de 16 de diciembre, y 198/2003, de 10 de noviembre.

17 Téngase presente que la regla 14ª.4 de la Instrucción de las tarifas del IAE nominada "Paralización de industrias" (cuando en las industrias ocurra alguno de los casos de interdicción judicial, incendio, inundación, hundimiento, falta absoluta de caudal de aguas empleado como fuerza motriz o graves averías en el equipo industrial, los interesados darán parte a la Administración Gestora del impuesto, y en el caso de comprobarse plenamente la interdicción por más de treinta días, o el siniestro o paralización de la industria, podrán obtener la rebaja de la parte proporcional de la cuota, según el tiempo que la industria hubiera dejado de funcionar") tampoco sería lo suficiente útil para resolver la obligada paralización de los negocios con ocasión de la "pandemia del COVID-19", primero, porque esta medida está pensada únicamente para la "industria" (no para cualquier negocio afectado por el RD. 463/2020), y en segundo lugar, porque la regla actual del prorrateo por trimestres, tampoco se ajustaría plenamente al tiempo exacto que afectó dicha paralización del ejercicio de la actividad económica sobre los sujetos pasivos del impuesto. Una evidencia más de que dicha "medida de simplificación" no resulta acorde con una Administración tributaria moderna comprometida con los ideales de justicia que debe aspirar a hacer tributar a sus obligados tributarios de

En esta misma línea, entendemos que resulta discriminatoria la exención de los sujetos pasivos recogida en el art. 82.1.b) LRHL por inicio en el ejercicio de su actividad en territorio español durante los dos primeros *períodos impositivos* de este impuesto en que se desarrolle aquélla", al establecer un agravio comparativo entre aquellos que inician la actividad al principio del año natural de aquellos otros que comienzan esa misma actividad económica al final de ese mismo período anual. Entendemos que no existe fundamento jurídico para mantener este agravio comparativo por cuanto hoy día los medios tecnológicos permiten realizar el cómputo de la exención bienal, no de forma tan burda, sino de "fecha a fecha"[18].

Estas consideraciones son aplicables en toda su extensión con el resto de preceptos que permanecen inermes al cálculo de la cuota prorrateable por "días" tal como defendemos en estas páginas en supuestos de períodos impositivos cortos (a saber, tras los necesarios ajustes normativos al IBI -art. 75.2 LRHL-, al IVTM -art. 96.3 LRHL-, así como de cualquier tasa que fuera exigida por una Corporación Local).

---

acuerdo a su verdadera capacidad económica, y no por una capacidad económica "potencial" o "aproximada"...

18 En esta misma línea, vid. F. CAÑAL y J.A. ROZAS, *Informe sobre la financiación de los entes locales,* 2012, pág. 47. Dicho informe se encuentra disponible "en abierto": *https://diposit.ub.edu/dspace/handle/2445/33205*

Capítulo IV

Propuestas de mejora del impuesto sobre vehiculos de tracción mecánica

I. REVISIÓN DE LOS PARÁMETROS ACTUALES PARA DETERMINAR LA CUOTA TRIBUTARIA DEL IMPUESTO

El Impuesto sobre vehículos de tracción mecánica (en adelante, IVTM) constituye el tercero de los tributos que mayor recaudación obtienen los Ayuntamientos después del IBI y el IIVTNU como venimos señalando.

Dicho tributo está diseñado como un impuesto de naturaleza directa, al gravar desde un punto de vista jurídico, el derecho real de propiedad de los vehículos de motor aptos para circular por las vías públicas, y con independencia de su uso por el propietario[1]. En esta línea, su configuración tiene una gran similitud con el

---

1 Para V.M. SÁNCHEZ BLÁZQUEZ sus elementos de cuantificación no conducen a un cálculo preciso del beneficio o coste que constituye la utilización de las vías públicas por parte del vehículo gravado, lo que impide que pueda ser caracterizado como tasa. Razones por la que podría ser considerado como una especie de impuesto a tanto alzado; cfr. "¿Cuál es el hecho imponible en el IVTM? Reflexiones a partir de determinados supuestos específicos", *Tributos Locales,* nº 65, 2004, pág. 78. Para GARCÍA NOVOA, en puridad, dicho tributo no pretende gravar propiamente el uso del vehículo a través de la circulación, sino el aprovechamiento potencial ligado a la mera titularidad administrativa de vehículos de motor al igual que sucede en Alemania con el impuesto sobre vehículos de motor -*Kraftfahrzeugsteuer*-; cfr. C. GARCÍA NOVOA, "Aproximaciones al

IBI, por cuanto su hecho imponible gravita sobre un presupuesto de hecho objetivo registral de fácil constatación. En el supuesto del IBI, como es sabido, cumple una función capital la Dirección General del Catastro cuyos datos censales se nutren de la información pública que consta en el Registro de la Propiedad, mientras que en el supuesto del Impuesto sobre vehículos de tracción mecánica, resulta también esencial, la información registral que consta en la Dirección General de Tráfico[2].

Desde este punto de vista, puede señalarse que la naturaleza impositiva resulta un acierto, al constituir una fórmula de simplificación del tributo, descartando el legislador su configuración como "tasa" por la prestación del servicio que recibe el titular del vehículo con ocasión de su uso por las vías públicas, dadas las dificultades técnicas que generaría dicho diseño (al tratarse propiamente de un servicio que podríamos calificar de "indivisible"[3]), así como por los propios costes de gestión que entrañaría esta alternativa, por cuanto resulta técnicamente complejo individualizar cada uno de los usuarios beneficiarios del servicio al circular indiscriminadamente por dicha demarcación municipal vehícu-

---

objeto de imposición en el Impuesto sobre municipal sobre vehículos de tracción mecánica", *Revista Tributos Locales,* nº 83, 2008, págs. 14 y 15.

2 Con buen criterio, en estos últimos años se ha potenciado de forma considerable la sede electrónica de la Dirección General de Tráfico permitiéndose ya por esta vía modificar el domicilio fiscal de un vehículo del que es titular un sujeto a efectos del pago del recibo anual del impuesto: https://www.dgt.es/nuestros-servicios/tu-vehiculo/tus-vehiculos/impuesto-de-circulacion-ivtm/

3 Como ha advertido el Tribunal Supremo, la actividad administrativa, pues (autorización para ocupar el dominio público, prestación de un servicio, o emisión de una autorización), constituye la nota definitoria de la tasa y el criterio prevalente para diferenciarla del impuesto, en cuyo hecho imponible no tiene relevancia alguna la existencia de una actividad de esa naturaleza; vid. por todas, las SSTS. 22 de mayo de 1998 -RC 5187/1992-, de 19 de octubre de 1999 -RC 411/1995-, y de 30 de noviembre de 2002 -RC 3848/1997-).

los registrados en el censo municipal con otros que procederán de otros lugares[4].

Pese a la claridad de su regulación en la configuración del aspecto material del hecho imponible ("titularidad de un vehículo de motor") no debe perderse de vista la finalidad extrafiscal intrínseca del Impuesto al pretender el legislador tributario gravar el uso potencial del vehículo lo que exigirá que el Ente Público acometa ciertas inversiones principalmente de seguridad y de mantenimiento de las vías públicas[5]. En todo caso, desde la perspectiva de nues-

---

4 Cfr. P. CHICO DE LA CÁMARA, "Propuestas para una reforma del Impuesto sobre vehículos de tracción mecánica", en la obra colectiva *Hacia una futura reforma de los Tributos Locales,* Monografía nº 4, Regresa, 2018, pág. 68.
Ahora bien, en el caso de que se pretendiera internalizar el coste total (o al menos parcial) del servicio municipal entre los usuarios (coadyuvando a la financiación de los costes de construcción y mantenimiento de las vías públicas, así como de la regulación del tráfico rodado), o bien, yendo más allá, y configurándolo como una tasa de "tolerancia ambiental" -*"pay to drive"*- para proteger las "zonas de bajas emisiones" (-ZBE-; o "zonas de tráfico limitado" como se denominan en Italia -ZTL)-, llegando incluso a prohibir el paso para la mayor parte de los vehículos, como así sucede en algunas grandes ciudades), o bien, permitiéndolo previo pago de una compensación económica a la colectividad por las molestias que provoca dicha circulación del vehículo en el municipio, teniendo entonces que anillar el centro, bien mediante un peaje (*"toll"*), o a través de una monitorización mediante video vigilancia previo pago de una tasa por su uso, tal como sucede en determinadas capitales europeas (v.gr. la *congestion charge* de Londres). Vid. también sobre el particular, nuestro trabajo "Una vía indirecta extramuros de la esfera propiamente local para ambientalizar el uso de vehículos de tracción mecánica"; *Tributos Locales,* nº 156, 2022, págs. 29 y ss.

5 En esta línea con acierto se pronuncian C. GARCÍA NOVOA, (cfr. "Aproximaciones al objeto de imposición en el impuesto municipal sobre vehículos de tracción mecánica", *Tributos Locales,* nº 83, 2008), y Mª. J. TRIGUEROS MARTÍN (cfr. *La tributación del automóvil en España,* Comares, 2012, pág.163),cuando defienden que no puede afirmarse que se trata de una tasa por ocupación o utilización de las vías públicas, pues si así fuera únicamente podría exigirse a quienes materialmente utilizan con sus vehículos las vías públicas municipales, y no solo nos

tra Ley General Tributaria, no puede calificarse técnicamente de "tasa", puesto que no se lleva a cabo una verdadera cuantificación del presupuesto de hecho a partir del gasto público derivado de un uso más o menos intenso. En puridad, la cuota íntegra de este tributo se conforma al menos en aquellos vehículos vinculados con la actividad empresarial a través de elementos indiciarios de la capacidad económica que genera potencialmente para su titular registral (v.gr. capacidad de carga útil de los camiones, número de plazas de los autobuses, potencia fiscal de los tractores).

El principio de capacidad económica que tiene su natural ámbito de aplicación en las figuras de naturaleza impositiva permitiría graduar la cuota a pagar estableciendo una diferenciación en las tarifas gravándose con mayor intensidad aquellos vehículos de naturaleza suntuaria frente a los vehículos de importe más económico permitiendo además a los Ayuntamientos graduar la cuota total a pagar en función de las externalidades negativas que produce el uso potencial del vehículo al medio ambiente[6].

---

encontramos ante un tributo que se exige aunque no se circule, sino que también son sujetos pasivos contribuyentes las personas jurídicas que no tienen capacidad material para conducir un vehículo.

En todo caso, consideramos que este aspecto no resulta determinante para excluirlo como tasa, por cuanto se trata en puridad de un "impuesto" de naturaleza "real", que tiene como objeto gravar la propiedad de un vehículo de motor, pese a que éste sea titular de una persona jurídica que "ocupe" igualmente (al igual que las "personas físicas") la vía pública.

6 Algún autor para reducir la congestión existente en las grandes ciudades ha abogado por la implementación de un "peaje ambiental" que para los vehículos registrados en Cataluña adoptaría la forma de "recargo municipal sobre el impuesto propio que existe en Cataluña por la emisión de dióxido de carbono de los vehículos de tracción mecánica", mientras que para el resto de los vehículos (o bien en el caso de que no existiera dicho tributo propio en una Comunidad Autónoma -tal como sucede por ejemplo en Madrid-) podría adoptar la forma de un prestación patrimonial pública no tributaria -como "canon de acceso" ex art. 20.6 LRHL), gestionado en régimen de gestión indirecta mediante concesión administrativa por una entidad privada o mixta; cfr. J.A. ROZAS

En efecto, la reforma de las Haciendas Locales, a través de la Ley 51/2002, de 27 de diciembre, estableció una nueva redacción al artículo 95.6. apartados a) y b) de la LRHL precisamente para introducir ciertos elementos ambientales en la configuración normativa del Impuesto.

Así las cosas, la vigente LRHL habilita a los Ayuntamientos para que incorporen en sus Ordenanzas fiscales:

- Una bonificación de hasta el 75 por 100 en función de la *clase de carburante* que consuma el vehículo, en razón de la incidencia de la combustión de dicho carburante en el medio ambiente (apartado a); y

---

VALDÉS, "La reforma del marco legal de los peajes locales de gestión circulatoria", Revista Tributos Locales, nº 155, 2022, págs. 137 y ss. Nótese que precisamente en Cataluña se ha creado un impuesto propio autonómico sobre la "contaminación atmosférica de vehículos" . Ahora bien, frente a lo que sería deseable al amparo de lo dispuesto por la DA primera de la LRHL (que prescribe una hipotética supresión del impuesto local ordenando una compensación económica por aquellas Comunidades Autónomas que opten por esta medida de política legislativa en favor de aquellas corporaciones locales que aminoren su recaudación), sin embargo, de forma curiosa el Impuesto sobre vehículos de tracción mecánica permanece en vigor en Cataluña, e incluso, se ha creado en los últimos años un recargo en favor de la ciudad de Barcelona que se gira conjuntamente con la liquidación del impuesto autonómico sobre la contaminación atmosférica declarándose recientemente constitucional tanto el impuesto autonómico sobre la contaminación atmosférica (STC. 87/2019, de 20 de junio) como el recargo en favor de la ciudad de Barcelona (STC. 125/2021, de 3 de junio). Así las cosas, los ciudadanos de Barcelona han de soportar tres figuras tributarias sobre una misma "materia imponible" jugando con la terminología utilizada tanto por el art. 6.3 LOFCA (en su redacción originaria) y DA primera LRHL, a saber, impuesto autonómico sobre la contaminación y recargo municipal sobre este mismo hecho imponible, así como el clásico impuesto sobre vehículos de tracción mecánica); vid. sobre el particular también nuestro trabajo, "una vía indirecta extramuros de la esfera propiamente local para ambientalizar el uso de vehículos de tracción mecánica", Revista Tributos locales, nº 156, 2022, págs. 29 y ss.

- Una bonificación de hasta el 75 por 100 en función de las *características de los motores* de los vehículos y su incidencia en el medio ambiente (apartado b).

Por desgracia, los términos tan amplios de esta habilitación legislativa no han producido los efectos deseados llevándose a cabo por determinados Ayuntamientos cierta práctica de "competencia fiscal perniciosa" al introducir en las tarifas del Impuesto determinados "descuentos fiscales" al objeto de atraer a sus demarcaciones municipales el domicilio registral de vehículos, que sin embargo, no suelen circular en el ámbito territorial donde están registrados.

Así las cosas, y siguiendo el "valor de uso", podría aprovecharse el coeficiente mínimo que se regula en el art. 12 LIS para la amortización de los elementos de transporte externo para fijar la cuota en un 7,1 % sobre el valor de adquisición del vehículo fijando una bonificación gradual que podría llegar hasta el 75 por 100 de dicha cuota en función de la eficiencia ambiental de éste[7]. Nótese

[7] Sin embargo, algún autor ha cuestionado aquellas propuestas que pretenden reducir la recaudación en base al grado de eficiencia ambiental de los vehículos, al considerar que incluso aquellos que son más sostenibles también de alguna forma generan externalidades negativas (v.gr. ruidos, atascos, etc.), así que habría que desincentivar su uso a través de implementación de "recargos", pero en ningún caso, como en la actualidad vía "bonificaciones tributarias"; cfr. J.I. GOMAR SÁNCHEZ, "Algunas claves para rediseñar el IVTM en clave medioambiental, de capacidad económica y de suficiencia financiera local", *Tributos Locales*, nº 152, 2021, págs. 116 y ss. También A. MENÉNDEZ MORENO, cuestiona el sistema actual de incentivos por cuanto "a nadie se le oculta que los carburantes y motores menos contaminantes son los de los vehículos más modernos y costosos, lo que significa que quienes disfrutan de esas bonificaciones son quienes tienen más capacidad adquisitiva (o sea, económica), ya que los titulares de los vehículos de mayor valor patrimonial; y quienes no disfrutan de ellas son los que difícilmente pueden asumir el coste de adquirir y mantener esos vehículos nuevos y menos contaminantes, precisamente porque, como se infiere de lo que se acaba de indicar, su capacidad adquisitiva (económica) es menor y no se lo permite. La certeza de las antedichas afirmaciones, que difícilmente tendrá excepciones,

que en esta línea de favorecer la adquisición de vehículos respetuosos con el medio ambiente, la Ley 31/2022, de Presupuestos Generales del Estado para el año 2023, ha introducido una DA 18ª a la LIS a fin de permitir una amortización acelerada (lo que permitirá duplicara el coeficiente lineal máximo) sobre aquellos vehículos nuevos que empleen energías renovables[8].

Téngase presente que los potenciales cambios de la normativa no tienen necesariamente que minorar la recaudación de los Ayuntamientos por cuanto aquellos vehículos más contaminantes han de ser los que contribuyan económicamente a soportar el mayor gravamen, lo que compensaría en paralelo la rebaja fiscal orientada a premiar a aquellos vehículos que son más respetuosos con el medio ambiente, y que serán en consecuencia los principales beneficiarios

---

justifica el que ponga en duda el sometimiento de las referidas bonificaciones de la regulación del IVTM a las exigencias del principio de capacidad económica, sin que la relatada flagrante contravención pueda justificarse por su pretensión de dar cumplimiento a un fin constitucional como lo es, incuestionablemente, el de la protección del medio ambiente -la posibilidad de que los tributos-, además de recaudar, puedan atender a la realización de alguno de los fines de la Constitución, se prevé expresamente en el segundo del apartado 1 del art. 2 LGT"; cfr. A. MENÉNDEZ MORENO, "Paradojas de la fiscalidad ambiental", Editorial de *Quincena Fiscal,* nº 19, 2021, págs. 1 y 2.

8 En particular, dicha DA 18ª LIS reza de la siguiente forma: «las inversiones en vehículos nuevos FCV, FCHV, BEV, REEV o PHEV, según definición del anexo II del Reglamento General de Vehículos, aprobado por Real Decreto 2822/1998, de 23 de diciembre, afectos a actividades económicas y que entren en funcionamiento en los períodos impositivos que se inicien en los años 2023, 2024 y 2025, podrán amortizarse en función del coeficiente que resulte de multiplicar por 2 el coeficiente de amortización lineal máximo previsto en las tablas de amortización oficialmente aprobadas.»

Los acrónimos citados son las abreviaturas de los términos empleados en inglés:

- FCV: *Fuel cell vehicle* (de células de combustible)
- FCHV: *Fuel cell hybrid vehicle* (híbrido de células de combustible)
- BEV: *Battery electric vehicle* (de batería eléctrica)
- REEV: Extended Range Electric Vehicle (de autonomía extendida)
- PHEV: *Plug-in hybrid electric vehicle* (híbrido enchufable).

de la necesaria reforma fiscal verde. Nótese que el "Plan de la Unión Europea para una transición ecológica *(Fit for 55)*[9]", en concordancia con el Reglamento del Parlamento Europeo y del Consejo de 22 de febrero de 2023, tras modificar el Reglamento (UE) 2019/631, refuerza de forma importante las normas de comportamiento en materia de emisiones de CO2 de los turismos nuevos y de los vehículos comerciales ligeros nuevos, al establecer que para el año 2030 el mercado de vehículos de turismos se reduzca al "55" por 100 sus emisiones, y en el año 2035 los vehículos puestos en el mercado tendrán que tener emisiones cero[10]:

---

9 Dicha infografía de cómo afecta las medidas adoptadas sobre turismos y furgonetas en el "objetivo 55" puede encontrarse a través del siguiente enlace:
https://www.consilium.europa.eu/es/infographics/fit-for-55-emissions-cars-and-vans/

10 Puede consultarse el citado Reglamento a través del siguiente enlace: https://data.consilium.europa.eu/dohttps://data.consilium.europa.eu/doc/document/PE-66-2022-INIT/ES/pdfc/document/PE-66-2022-INIT/ES/pdf
Nótese que el citado Reglamento tiene origen en el compromiso adquirido anteriormente a través del Reglamento (UE) 2021/1119 del Parlamento Europeo y del Consejo, de 30 de junio de 2021, por el que se establece el marco para lograr la neutralidad climática y se modifican los Reglamentos (CE) n.º 401/2009 y (UE) 2018/1999 («Legislación europea sobre el clima») (DO L 243 de 9.7.2021, págs. 1 y ss.), y en el que se propone una reducción neta del porcentaje de emisiones, lo que ha llevado a revisar las normas de comportamiento en materia de emisiones de CO2 para los vehículos ligeros (considerando 26).
En efecto, a través de la adopción del citado Reglamento (UE) 2021/1119 del Parlamento Europeo y del Consejo, la Unión consagra en su legislación el objetivo de reducir las emisiones netas a cero a más tardar en 2050 y el objetivo de lograr emisiones negativas a partir de esa fecha. Dicho Reglamento establece también un objetivo vinculante de la Unión de una reducción interna las emisiones netas de gases de efecto invernadero (emisiones una vez deducidas las absorciones) de, al menos, un 55 % con respecto a los niveles de 1990, hasta el año 2030.

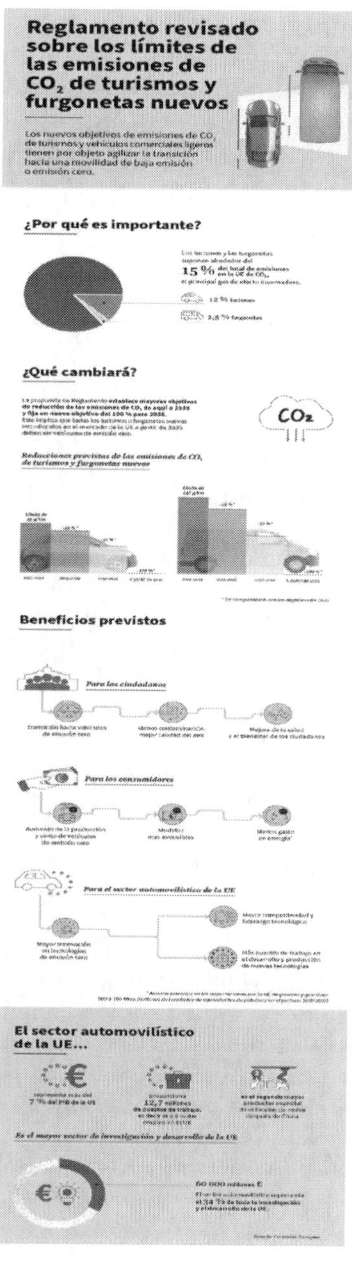
Reglamento revisado sobre los límites de las emisiones de CO_2 de turismos y furgonetas nuevos
Los nuevos objetivos de emisiones de CO_2 de turismos y vehículos comerciales ligeros tienen por objeto agilizar la transición hacia una movilidad de baja emisión o emisión cero.
¿Por qué es importante?
15 %
¿Qué cambiará?
CO_2
Beneficios previstos
Para los ciudadanos
Para los consumidores
Para el sector automovilístico de la UE
El sector automovilístico de la UE...
7 % del PIB de la UE
12,7 millones de puestos de trabajo
60 000 millones €

Pues bien, apoyándonos en el estudio "*Calidad del aire urbano, salud y tráfico rodado*", elaborado por el Instituto de Ciencias de la Tierra, del Consejo Superior de Investigaciones Científicas (CSIC), entendemos que la posible reforma ecológica debería introducir algún elemento de diferenciación impositiva que desincentivara el uso del diesel, pues este fuel aunque es más eficiente en cuanto al consumo que los vehículos accionados por gasolina emite sin embargo seis veces más partículas microscópicas de monóxido de carbono, óxido de nitrógeno e hidrocarbonos no quemados[11]. En todo caso, debería de ha-

---

[11] Precisamente, S. ALVAREZ GARCÍA y J. GARCÍA-INES, ya advirtieron hace ya casi veinte años que en España se había producido una "dieselización" del parque automovilístico, que debiera corregirse mediante medidas fiscales, ya que si bien es cierto, que el motor diésel es más ecológico que el de gasolina desde el punto de vista de las emisiones de C02, debido a su menor combustible sin embargo, emite seis veces más partículas microscópicas", cfr. "El Impuesto sobre vehículos de tracción mecánica: Implicaciones medioambientales y posibles reformas derivadas de propuestas comunitarias", *Tributos Locales*, nº 66, 2006, pág. 58.

Esto explica también que la Ordenanza del Ayuntamiento de Madrid haya establecido en su ordenanza con vigencia desde el 1 de enero de 2018 una reforma por la que se concede una bonificación del 75 por 100 para aquellos nuevos vehículos que utilicen gasolina (y no diésel) siempre que se cumplan ciertas condiciones:

Disposición Adicional Primera. "Las referencias a los permisos de circulación a lo largo del articulado de la ordenanza, han de entenderse referidas a las licencias de circulación en el caso de ciclomotores tras la entrada en vigor del Real Decreto 2822/1998, de 23 de diciembre, por el que se aprueba el Reglamento General de Vehículos. Segunda. Los vehículos de clase turismo, camiones, furgones, furgonetas, vehículos mixtos adaptables, autobuses y autocares, que sean matriculados definitivamente durante los ejercicios 2018 y 2019 y dispongan del distintivo ambiental C gozarán, asimismo, de una bonificación en la cuota del impuesto de un 75% durante dos años, a contar desde el período impositivo siguiente al de la matriculación del vehículo, siempre que se cumplan, además, los siguientes requisitos: a) Que se trate de vehículos cuyo combustible sea gasolina. b) Que se haya procedido a la baja definitiva en la Jefatura Provincial

cerse un seguimiento especial por el Ministerio de Industria a cualquier prototipo de motor que sea especialmente contaminante, tal como ha sucedido en estos últimos años con la comercialización en el mercado de un motor de gasolina de baja cilindrada (denominados '*downsizing*' -reducción del tamaño de la cilindrada-) que funcionan por inyección directa, aunque sin embargo, pueden llegar a ser hasta 1.000 veces más contaminantes que un motor de gasolina convencional y emiten diez veces más partículas nocivas que un motor diésel de inyección directa tradicional.

Esta nueva filosofía del tributo aconsejaría en nuestra opinión suprimir el apartado c) del artículo 95.6 LRHL dado que un tributo pretendidamente ambiental resulta difícilmente conciliable con la aplicación de una bonificación potestativa del 100 por 100 para los vehículos históricos o aquellos que tengan una antigüedad mínima de 25 años que ha de presumirse producen, además de una importante contaminación acústica, una cantidad importante de emisiones de dióxido de carbono a la atmósfera[12].

---

de Tráfico, dentro de los seis meses anteriores a la matriculación del vehículo para el que se solicita la bonificación, de un vehículo sin distintivo ambiental, a nombre del mismo titular, siempre que el domicilio que conste en el permiso de circulación se encuentre en el Municipio de Madrid".

12 Es cierto que al configurarse como una bonificación potestativa, numerosos Ayuntamientos solo conceden dicho beneficio fiscal a determinados vehículos históricos, pero no a todos los que tengan una antigüedad de más de veinticinco años (v.gr. Madrid, Barcelona, Valladolid, o Granada).

II. LA VOCACIÓN DEL TRIBUTO DE SOMETER A GRAVAMEN A AQUEL SUJETO QUE OSTENTA LA TITULARIDAD REAL FRENTE AL QUE FORMALMENTE APARECE EN EL REGISTRO DE LA JEFATURA CENTRAL DE TRÁFICO

Frente a la dicción literal del precepto "persona (...) a cuyo nombre conste el vehículo en el permiso de circulación" que podría llevar a pensar que el legislador intencionadamente prescinde de una titularidad real del vehículo, en beneficio de una titularidad formal o registral, nos inclinamos por una revisión del sistema actual permitiendo que en determinados casos el administrado pueda destruir una presunción relativa mediante la prueba en contrario.

Debe reconocerse que la sacralización de la forma frente a las situaciones fácticas genera seguridad jurídica facilitando a su vez las labores de gestión tributaria de los Ayuntamientos, pero a cambio produce situaciones alejadas de la justicia tributaria sobre las que no debe perderse de vista trae causa el tributo.

Así las cosas, esta prevalencia de la forma frente a los hechos preserva a la Administración ante actuaciones tendentes en unos casos a la elusión fiscal, derivada de pactos privados entre particulares (en esta línea, la STSJ. del País Vasco de 18 de septiembre de 1995 consideró sujeto pasivo a la persona a cuyo nombre figuraba inscrito el vehículo en el registro de la Jefatura Provincial de Tráfico, sin que a ello obstase la prueba de la existencia de una transmisión civil que había sido ocultada por el transmitente para evitar los costes de la transmisión de la licencia de autotaxi del vehículo), y en otros, a relaciones internas anómalas entre titulares que resultan ajenos a la coherencia lógica de la gestión del tributo. Esto explica que diversos Tribunales Superiores de Justicia hayan solucionado estas disfunciones que se producen con la gestión práctica del tributo acudiendo al principio de indisponibilidad del crédito tributario (actual artículo 18 LGT). Así, la STSJ. de Valencia de 4 de julio de 1998 ha señalado que las discrepancias entre el titular que conste en el permiso de circulación y quien ostenta la verdadera titularidad no son oponibles ante la Administración dado que nos encontramos ante una ficción jurídica ; y la STSJ. de Cantabria de 18 de octubre de 1997 declara que la obligación de subsanar el desajuste corresponde a los particulares sin que las controversias que puedan surgir al respecto entre éstos puedan ser trasladadas a la Administración gestora.

En consecuencia, frente a una jurisprudencia mayoritaria que defiende la preeminencia de la titularidad registral frente a la real (entre otras, SSTSJ. De Asturias de 18 de mayo de 1995 ; del País Vasco de 18 de septiembre de 1995; de Cantabria de 25 de abril de 1997 , y 14 de marzo de 2000; de Castilla La Mancha de 13 de noviembre de 1997 (TOL4.504.194); de Madrid de 11 de diciembre de 2000 (TOL249.601); de Canarias de 23 de julio de 1998 , y de Castilla- León de 13 de noviembre de 1998 , existen algunos casos en los que los Tribunales jurisdiccionales apelando a la verdadera realidad de los hechos han reconocido situaciones claras de titularidad real, lo que ha llevado a ignorar la titularidad formal que se recoge en los Registros Públicos. Así, entre otras, las SSTSJ. De Asturias de 1 de junio de 2000; de Canarias de 17 de julio de 1995 , de 22 de abril de 1996 y de 23 de abril de 1997 ; de Valencia de 26 de mayo de 1993 ; de Murcia de 3 de abril de 1995 ; y de Extremadura de 17 de marzo de 1999 (TOL7.732.541), sin embargo, defendemos la naturaleza presuntiva de dicha disposición admitiendo la prueba en contrario, a pesar de que esta posibilidad no se refleja expresamente en la redacción del precepto[13]. En primer lugar, porque nos encontramos ante un impuesto directo que grava la titularidad patrimonial de un bien (el vehículo), no

---

[13] La profesora C. BANACLOCHE PALAO comparte también este criterio abogando por una reforma de la normativa vigente que resuelva la importante conflictividad de la materia así como para salvaguardar el principio de capacidad económica; cfr. *El Impuesto sobre vehículos de tracción mecánica,* Aranzadi, Pamplona, 2013, pág. 107.

una mera inscripción registral que no constituye índice alguno de capacidad económica. Además, a esta conclusión también se podría llegar acudiendo al artículo 108.1 LGT que precisa que "las presunciones establecidas por las normas tributarias pueden destruirse mediante prueba en contrario, excepto en los casos en que una norma con rango de ley expresamente lo prohíba".

El Libro Blanco para la reforma de las Haciendas Locales del año 2003, en esta misma línea ya defendió como propuesta de *lege ferenda* una modificación de la redacción actual al objeto de dar cobijo expresamente a una presunción *iuris tantum* que permitiera bajo ciertas excepciones titularidades reales y no necesariamente registrales.

Así, entendemos que el ente público debería admitir como prueba en contrario en favor de una titularidad "real" *versus* "formal" (de conformidad con el artículo 32.1 y anexo XIV del reglamento general de vehículos, aprobado por el RD. 2822/1998, de 23 de diciembre), aquellos casos en los que el transmitente (y a la vez, anterior titular) haya cumplido con la obligación de notificar a la Jefatura Provincial de Tráfico en el plazo de diez días desde la transmisión del vehículo acompañando los documentos que acrediten fehacientemente la compraventa[14]. En esta línea, se ha

---

14 En efecto, de acuerdo al art. 32.1 del reglamento general de vehículos, *"toda persona natural o jurídica que sea titular de un vehículo matriculado en España y que lo transmita a otra, aun cuando lo haga con reserva de dominio o de cualquier otro derecho sobre el vehículo, deberá notificarlo a la Jefatura de Tráfico de la provincia en que tenga su domicilio legal o a aquélla en que fue matriculado el vehículo, en el plazo de diez días desde la transmisión, por medio de una declaración en la que se haga constar la identificación y domicilio del transmitente y adquirente, así como la fecha y título de la transmisión.*
Junto a la notificación de la transmisión se acompañará el permiso o licencia de circulación, que quedará archivado en la Jefatura, así como el documento acreditativo de la transmisión, el del cumplimiento de las correspondientes obligaciones tributarias y demás documentación que se indica en el anexo XIV.
Si el transmitente incumpliera la obligación de notificación señalada anteriormente, sin perjuicio de que se instruya el correspondiente procedimiento sancio-

manifestado el TSJ. de Galicia, en sentencia de 27 de febrero de 1998 ; el de Cataluña, en sentencias de 24 de abril de 1997 y 4 de octubre de 2000 , el de Murcia en sentencia de 3 de abril de 1995, así como el de Castilla La Mancha de 12 de febrero de 1999 , y de Andalucía de 22 de noviembre de 2001. Con buen criterio, este último sostiene que "el incumplimiento de un tercero no puede perjudicar a quien de buena fe cumplió con todo aquello que le era exigible para que el cambio de titularidad se produjera" . Y así mismo, la STSJ. de Madrid de 15 de diciembre de 2001 -frente a lo que dispone la norma administrativa- reconoce incluso el efecto liberador del pago del tributo al transmitente por extinción de la obligación tributaria aunque no se haya comunicado directamente al Ayuntamiento exactor.

Incluso entendemos que, dado que la inscripción de los vehículos en los registros correspondientes no tiene carácter constitutivo, sino declarativo, desde el momento en que la transmisión se comunique oficialmente a la Jefatura de Tráfico (pese a que hayan transcurrido los diez días de plazo a los que hace referencia la norma administrativa) habrá que entender que el anterior titular queda desvinculado de la relación jurídico-tributaria y de las posibles incidencias fiscales que afecten al vehículo[15]. Así las cosas, si el vendedor cumple con lo dispuesto en el art. 32 del reglamento

---

nador, seguirá siendo considerado titular del vehículo transmitido a los efectos de la legislación sobre tráfico, circulación de vehículos a motor y seguridad vial, en tanto no se inscriba el mismo a nombre de otra persona a solicitud de ésta, acompañando documento probatorio de la adquisición y demás documentación que se indica en el apartado 3".

Adjuntamos así mismo el link para descargarse el modelo oficial que establece la Jefatura de Tráfico para la transmisión de un vehículo usado: https://sede.dgt.gob.es/sede-estaticos/Galerias/vehiculos/otros/contrato-tipo-compra-venta-vehiculos.pdf

15 En esta línea se ha pronunciado la STSJ. de Extremadura de 31 de mayo de 2001 al afirmar que "desde el instante en que la transmisión es comunicada oficialmente a la Jefatura Provincial de Tráfico, el anterior titular queda desvinculado de las posteriores incidencias fiscales que afecten al vehículo".

general de vehículos y notifica a Tráfico la transmisión en el plazo de diez días queda liberado de cualquier tipo de responsabilidad frente al nuevo adquirente del vehículo. Para ello se requiere que aporte fotocopias del DNI de las partes y copia firmada del contrato de compraventa del vehículo[16].

III. REVISIÓN DE LOS PUNTOS DE CONEXIÓN PARA LUCHAR CONTRA LA "COMPETENCIA FISCAL PERNICIOSA"

Como venimos señalando, el artículo 95. 6 LRHL establecen una bonificación con incidencia en el medio ambiente al permitir a los Entes Locales establecer una bonificación del 75 por 100 en función de la clase de carburante que consuma el vehículo (apartado a), o en función de las características de los motores de los vehículos (apartado b).

Sin embargo, con el paso del tiempo, las bonificaciones contempladas en el citado precepto lejos de cumplir en todos los casos con el fin noble de eficiencia ambiental para el que fueron creadas, han servido por el contrario para generar una "competencia fiscal perniciosa" por parte de algunos Ayuntamientos introduciendo en sus ordenanzas "rebajas fiscales" con la única finalidad de atraer a sus demarcaciones municipales el domicilio registral de vehículos que sin embargo, no suelen circular en su ámbito territorial[17]. El Informe de la FEMP del año 2008 ya ad-

---

16 A esta conclusión también podría llegarse a la luz de las STSJ. de Canarias de 17 de julio de 1995 y de Extremadura de 17 de marzo de 1999.

17 Así, por ejemplo, el Ayuntamiento de Alcobendas establece en la ordenanza reguladora del tributo en su artículo 5.2 una bonificación del 75 por 100 durante los siete primeros años sobre las tarifas reguladoras para aquellas titulares de más de 10.000 vehículos de gas, híbridos o eléctricos registrados en el padrón del municipio.
La bonificación pasa a ser del 60 por 100 (el primer año), 50 por 100 (el segundo), 40 por 100 (el tercer año), y 25 por 100 (hasta el sex-

virtió también de esta problemática solicitando cambios en esta materia para eliminar esta especie de "*paraísos fiscales*" en la legislación doméstica del IVTM[18]. Por ello, en la línea de lo que defendió la Comisión para la reforma de las Haciendas Locales

---

to año) cuando sean titulares de más de 3.500 vehículos y menos de 10.000, sin que se requiera una determinada eficiencia ambiental de éste.

Por último, se establece una bonificación del 40 por 100 (el primer año), 30 por 100 (el segundo), 20 por 100 (el tercero), y 10 por 100 (el cuarto año) cuando esté domiciliado el vehículo (y con independencia así mismo del tipo de energía que utilice).

18 En dicho informe se proponía la inclusión de una cláusula antiabuso consistente en aplicar automáticamente la cuota máxima en los supuestos en los que se aprecie deslocalización; vid. VVAA (coordinado por J. SUÁREZ PANDIELLO), *La financiación local en España: radiografía del presente y propuestas de futuro,* FEMP, 2008, pág. 295. Conforme a un informe privado de la AEA (Automovilistas Europeos Asociados) se establecía un ranking con los municipios más atractivos para la localización de empresas de vehículos de alquiler y de renting, en el que como podrá comprobarse aparece el primero en el ranking: Rozas de Puerto Real en el municipio de Madrid con más de 31 vehículos por habitante:

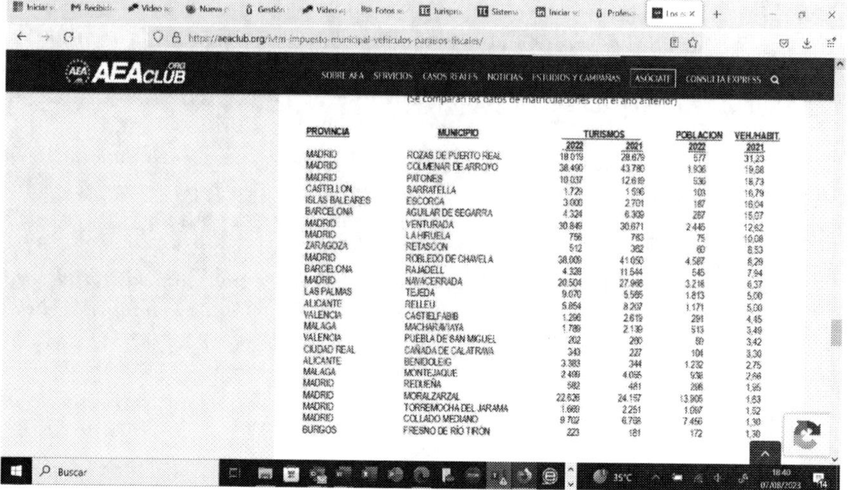

PROVINCIA	MUNICIPIO	TURISMOS 2022	TURISMOS 2021	POBLACION 2022	VEH/HABIT. 2021
MADRID	ROZAS DE PUERTO REAL	18.019	28.679	577	31,23
MADRID	COLMENAR DE ARROYO	38.490	43.780	1.938	19,68
MADRID	PATONES	10.037	12.619	536	18,73
CASTELLON	SARRATELLA	1.729	1.596	103	16,79
ISLAS BALEARES	ESCORCA	3.000	2.701	187	16,04
BARCELONA	AGUILAR DE SEGARRA	4.324	6.309	287	15,07
MADRID	VENTURADA	30.849	30.671	2.446	12,62
MADRID	LA HIRUELA	756	783	75	10,08
ZARAGOZA	RETASCON	512	362	60	8,53
MADRID	ROBLEDO DE CHAVELA	38.009	41.050	4.587	8,29
BARCELONA	RAJADELL	4.328	11.544	545	7,94
MADRID	NAVACERRADA	20.504	27.968	3.218	6,37
LAS PALMAS	TEJEDA	9.070	5.585	1.813	5,00
ALICANTE	RELLEU	5.854	8.207	1.171	5,00
VALENCIA	CASTIELFABIB	1.298	2.619	291	4,45
MALAGA	MACHARAVIAYA	1.789	2.139	513	3,49
VALENCIA	PUEBLA DE SAN MIGUEL	202	280	59	3,42
CIUDAD REAL	CAÑADA DE CALATRAVA	343	227	104	3,30
ALICANTE	BENIDOLEIG	3.383	344	1.232	2,75
MALAGA	MONTEJAQUE	2.499	4.095	938	2,66
MADRID	REDUEÑA	582	481	298	1,95
MADRID	MORALZARZAL	22.635	24.157	13.905	1,63
MADRID	TORREMOCHA DEL JARAMA	1.689	2.251	1.097	1,52
MADRID	COLLADO MEDIANO	9.702	6.768	7.456	1,30
BURGOS	FRESNO DE RÍO TIRÓN	223	181	172	1,30

del año 2017[19], sería conveniente modificar el actual artículo 97 LRHL señalando que la competencia del tributo corresponda al Ayuntamiento del domicilio fiscal del contribuyente en los términos contemplados en el artículo 48.2 LGT[20].

Entendemos que la solución al problema gravita por modificar la redacción actual que anuda la competencia del ayuntamiento en función del lugar *formal* que figura en el permiso de circulación del vehículo (art. 97 LRHL), buscándose una asignación que lejos del dato registral que para la determinación del municipio competente no sirve, debe centrarse en el lugar donde en puridad circule *realmente* el vehículo, circunstancia que se centra por distinguir si el sujeto realiza o no una actividad económica:

Así las cosas, cuando el sujeto no realice una actividad económica debería tomarse como referencia a efectos de la localización del vehículo en el municipio donde tenga aquél su *residencia habitual.*

---

19 Puede consultarse esta tabla comparativa a través del siguiente enlace: https://aeaclub.org/ivtm-impuesto-municipal-vehiculos-paraisos-fiscales/

Vid. *Informe de la Comisión de expertos para la revisión del modelo de financiación local,* julio-2017, pág. 41.

20 El art. 48.2 LGT hace la siguiente distinción a efectos de determinar el domicilio fiscal:

a) Para las personas físicas, el lugar donde tengan su residencia habitual. No obstante, para las personas físicas que desarrollen principalmente actividades económicas, en los términos que reglamentariamente se determinen, la Administración tributaria podrá considerar como domicilio fiscal el lugar donde esté efectivamente centralizada la gestión administrativa y la dirección de las actividades desarrolladas. Si no pudiera establecerse dicho lugar, prevalecerá aquél donde radique el mayor valor del inmovilizado en el que se realicen las actividades económicas.

b) Para las personas jurídicas, el domicilio social, siempre que en él esté efectivamente centralizada su gestión administrativa y la dirección de sus negocios. En otro caso, se entenderá el lugar en el que se lleve a cabo dicha gestión o dirección".

Ahora bien, cuando se trate de personas físicas o jurídicas con vehículos afectos a actividades económicas, debería prevalecer como domicilio fiscal el lugar donde esté efectivamente centralizada la gestión administrativa y la dirección de las actividades desarrolladas, más conocido en el mundo anglosajón bajo el término *"day to day management"*[21]. Así mismo por razones de justicia, en los supuestos de empresas dedicadas al transporte de mercancías y personas, a partir de un determinado umbral de flota de vehículos, la cuota podría ser nacional con un tipo único con reparto en función de la población[22].

---

21 La postura que se defiende en estas páginas apoyada por el concepto de domicilio fiscal que establece el art. 48.2 LGT resulta además coherente con la solución adoptada en aquellos tributos cuyos sujetos pasivos ejercen una actividad económica tal como sucede en el IVA. Así las cosas, a efectos de determinar la localización de una prestación de servicios en dicho tributo, se toma como referencia el lugar donde se realiza la gestión del negocio (es decir, el "*management*", si empleamos el anglicismo). En efecto, el art. 69.Tres. LIVA prescribe que la operación económica se entenderá realizada:

1º) en la sede de la actividad económica, entendida ésta como *el lugar en el que los empresarios o profesionales centralicen la gestión y el ejercicio habitual de su actividad empresarial o profesional*, o,

2º) como establecimiento permanente, entendido como *cualquier lugar fijo de negocios donde los empresarios o profesionales realicen actividades empresariales o profesionales.*

22 Dicha postura fue la defendida en el *Libro Blanco elaborado por la Comisión de expertos para la revisión del modelo de financiación local*, 2017, pág. 41.

Algún sector de la doctrina científica ha propuesto también cambios en la normativa del impuesto abogando por el establecimiento de una presunción *iuris tantum* que pueda ser destruible mediante la prueba en contrario. Así "en los casos en los que se produzca una discordancia entre el domicilio registral del vehículo y el domicilio real del titular del mismo, normalmente tal domicilio real será el de la residencia fiscal en el caso de personas físicas y el domicilio fiscal en el caso de las personas jurídicas, aunque en este último supuesto podrían tenerse en cuenta las circunstancias de afectación del vehículo a una sucursal o establecimiento permanente de la empresa ubicada en otro municipio distinto al del domicilio fiscal de la entidad"; GARCÍA MARTÍNEZ,A. "La competencia

El Ayuntamiento de Madrid para tratar de competir con aquellos ayuntamientos que hacen competencia fiscal lesiva, ha incorporado por Acuerdo de 21 de diciembre de 2017 una DA. Primera en su ordenanza estableciendo una bonificación de hasta el 75 por 100 con una duración de cuatro años "siempre que el vehículo, a la fecha de matriculación del mismo, *pertenezca a una persona o entidad titular de cien o más vehículos dados de alta en el municipio de Madrid* a esa misma fecha, y clasificados dentro de alguna de las categorías a las que se refiere el párrafo primero de esta disposición"[23].

En todo caso, entendemos que aunque no se modifique la normativa actual siempre que un Ayuntamiento considere que está sufriendo una pérdida de recaudación con abuso del Derecho podría acudir a un procedimiento de simulación relativa (art. 16 LGT) o de conflicto en la aplicación de la norma tributaria (art. 15 LGT) para trasladar a aquellas entidades fundamentalmente de *renting/leasing* que acrediten la existencia de un motivo económico válido para justificar qué les ha llevado a "deslocalizarse" a otros municipios distintos de aquellos donde en realidad sus vehículos se movilizan[24]. Nótese que habrá de ser en

---

fiscal en el ámbito del Impuesto sobre vehículos de tracción mecánica", en la obra colectiva *(dir. J. Ramos Prieto), La competencia fiscal y sistema tributario: dimensión europea e interna,* Thomson Reuters Aranzadi, Pamplona, 2014, págs. 955 y ss.

23 Nótese que según algunos datos publicados, el Ayuntamiento de Madrid ha estimado en 20,7 millones de euros la pérdida recaudatoria acumulada por la deslocalización de vehículos de compañías de alquiler así como de arrendamiento financiero (leasing y renting) desde la reforma introducida por la Ley 51/2002; T. CALLEJA, "Madrid pierde la batalla contra los paraísos fiscales del Impuesto de circulación", El País, 29, de agosto de 2011.

24 Sin embargo, años atrás se inadmitió por el Tribunal Supremo el recurso de casación interpuesto por el Ayuntamiento de Madrid a la STSJ. de Madrid de 19 de julio de 2007 (TOL 1.220.828) por el que cuestionaba la prueba formal del lugar del domicilio fiscal de determinadas personas jurídicas recogido en el permiso de circulación frente al domicilio real localizado en Madrid capital (vid. sobre el particular, la STS. de 18

primer lugar el Ayuntamiento el que tenga que aportar la prueba o pruebas (al menos indiciarias) de la intención de evadir o eludir el tributo (STS. de 20 de septiembre de 2005 -TOL636,367-), teniendo que motivar dicha calificación acreditando la prueba del engaño u ocultación de datos fiscalmente relevantes (STC. 120/2005, de 10 de mayo); es decir, los elementos integrantes de su concepto: declaración deliberadamente disconforme con la auténtica voluntad de las partes y finalidad de ocultación a terceros, en este caso a la Administración (STSJ. de Madrid de 22 de junio de 2017). Esto explica que el Tribunal Superior de Justicia de Cataluña de 17 de junio de 2021 diera la razón al Ayuntamiento de Barcelona al entender que dicho municipio tenía competencia para regularizar la domiciliación "irregular" de vehículos de empresas de alquiler en municipios sin actividad económica con una justificación exclusivamente fiscal al no acreditarse el "motivo económico válido" que llevó a dichas entidades de renting a deslocalizar sus vehículos a un municipio con una presión fiscal mínima. Nótese que el art. 97 LRHL prescribe que "la gestión, liquidación, inspección y recaudación, así como la revisión de los actos dictados en vía de gestión tributaria corresponde al *ayuntamiento del domicilio que conste en el permiso de circulación del vehículo*". Así las cosas, el citado Ayuntamiento

---

de julio de 2011 (TOL2.201.181). Sin embargo, el Ayuntamiento de Madrid ha considerado que se ha producido una infracción de las normas del ordenamiento jurídico y la jurisprudencia que resultaba aplicable para resolver la cuestión debatida, representadas por los artículos 41 del Código Civil (en adelante, cc.), 48.2 .b) de la LGT, 58.2 de la Ley de Tráfico, Circulación de vehículos a motor y Seguridad Vial, 28.1 y 2 del Reglamento General de Vehículos , entre otros. Se afirma, que los aludidos preceptos que regulan el permiso de circulación, en todo momento, hacen referencia al domicilio legal de las personas jurídicas, exigiendo unos requisitos que se obvian por la Dirección General de Tráfico que admite cualquier domicilio que los interesados consideren conveniente designar en el permiso de Circulación, sin tomar en consideración las muy desfavorables consecuencias que ello origina en el Impuesto de vehículos de Tracción Mecánica (IVTM) para el Ayuntamiento de Madrid.

catalán ha iniciado distintos procesos de regularización considerando que dichas empresas han simulado la domiciliación del permiso de circulación de su flota de vehículos en localidades (Bages, o Aguilar de Segarra, entre otros) donde no se ejerce actividad económica alguna[25].

Así las cosas, entendemos que nos encontraremos ante una situación de "*conflicto en la aplicación de la norma*" ex art. 15 LGT cuando la Inspección solo pueda acreditar el *gap* de ahorro fiscal existente entre el domicilio fiscal formal en el que aparece registralmente dicho vehículo, y el real o de facto donde presuntamente circula habitualmente dicho automóvil.

Ahora bien, podría regularizarse al amparo de una conducta de "*simulación relativa*" del art. 16 LGT cuando para conseguir el pretendido ahorro fiscal concurren entre otras las siguientes circunstancias:

- la constatación del lugar habitual de origen de los clientes en la mayoría de los casos distintos al de su domicilio registral;
- localización de oficinas y parkings para la recogida y devolución del vehículo en lugares distintos al de su domicilio registral; y

---

25 Sobre dichos procesos abiertos de inspección del Ayuntamiento de Barcelona y los éxitos hasta la fecha conseguidos con dicha regularización de los vehículos, puede consultarse el trabajo de R. OLAÑETA FERNÁNDEZ-GRANDE, "La lucha contra el fraude en el Impuesto sobre vehículos", *Revista Tributos Locales,* nº 161, 2023, págs. 129 y ss. Sobre esta misma problemática que arrastra el Ayuntamiento de Barcelona desde hace muchos años, ya se pronunciaron BALLARÍN ESPUÑA,M. y MACHO PÉREZ, A.B., "La deslocalización masiva de vehículos: límites a la elección y al cambio de domicilio en la gestión del Impuesto sobre vehículos de tracción mecánica", en la obra colectiva *Problemática de los procedimientos tributarios de las Haciendas Locales,* Dirección: F. Serrano Antón, Civitas, Madrid, 2012.

- localización de los trabajadores en sedes de la empresa distintas del municipio donde aparecen domiciliados registralmente los vehículos.

A falta de una modificación de la LRHL como la que propugnamos *supra*, por desgracia seguiremos abocados a que tengan que pronunciarse los tribunales caso por caso a fin de valorar si la entidad mercantil inspeccionada ha acreditado el "motivo económico válido" que justifique la domiciliación de dichos vehículos en estos "municipios de atracción registral" gracias a sus "tarifas reducidas", o si por el contrario, una vez no acreditada dicha *ratio* económica, habrá que considerar que se han registrado fundamentalmente por motivos fiscales ("conflicto en la aplicación de la norma tributaria" -o en los términos que reconoce la teoría general del derecho como "fraude de ley tributaria"-), o si además, se prescinde de la propia realidad ejerciéndose la actividad económica desde otro municipio distinto del que figuran dados de alta dichos vehículos registralmente (simulación relativa).

IV. ACLARACIÓN DE LOS PERÍODOS IMPOSITIVOS CORTOS

El período impositivo coincide con carácter general con el año natural devengándose el impuesto el 1 de enero de cada año.

Existen, como excepción, varios supuestos de períodos impositivos cortos que traen ocasión con la primera adquisición del vehículo (alta en el Registro de la Jefatura Central de Tráfico), baja definitiva, así como baja temporal por sustracción o robo, y que dará lugar al prorrateo de cuotas[26].

El artículo 35 del reglamento general de vehículos establece que los vehículos matriculados causan baja definitiva cuando:

---

26 Fuera de estos casos recuerda la SJCA de Zaragoza de 11 de octubre de 2016 (JUR 2017/56004) no resulta posible.

a) Los titulares, o propietarios, de los vehículos voluntariamente soliciten la baja.

b) La Jefatura Provincial de Tráfico acuerda de oficio la retirada del vehículo de la circulación por constituir un peligro para la seguridad vial.

c) La Jefatura de Tráfico acuerda de oficio la baja de los vehículos que han sido retirados de las vías públicas, al haber sido abandonados por sus titulares.

d) Los propietarios solicitan la baja por traslado del vehículo a otro país donde vaya a ser matriculado (baja por exportación).

De la lectura del citado precepto se deduce que la baja temporal por exportación del vehículo también legitima al prorrateo de cuotas aunque no se aluda expresamente en la Ley, por lo que, *de lege ferenda*, proponemos su inclusión expresa a efectos de no tener que reconocerse en sede judicial. Así, las SSTSJ. de Cataluña de 8 de julio de 1999 y de 29 de noviembre de 2000 reconoció el prorrateo en este supuesto en cuanto que "los artículos 93.2 y 97.2 LRHL hacen referencia a la baja, sin distinguir entre temporal y definitiva, debiendo observarse que en ambos casos (sea la baja temporal o definitiva) el vehículo en cuestión pierde la aptitud para la circulación por las vías públicas, que es el elemento objetivo que se advierte en la estructura del hecho imponible del Impuesto de referencia, que, así se desvanece. En suma, concluye la Sentencia, la baja del vehículo para la exportación hace perder su aptitud para la circulación, de modo que a partir de entonces deja de producirse el hecho imponible por desaparición de su elemento objetivo". El informe de la Comisión de expertos de julio de 2017 también propone como propuesta el reconocimiento legal del prorrateo de cuotas (pág. 40).

La fijación del devengo del impuesto el día 1 de enero, junto a ciertas razones de practicabilidad administrativa, ha dado lugar a que el legislador no haya previsto el prorrateo de las cuotas entre los municipios en el supuesto de que el titular del vehículo cambie de domicilio a lo largo del año. No obstante, entendemos que ningún obstáculo ha de existir para que internamente los entes locales distribuyeran la cuota tributaria devengada el día 1 de enero proporcionalmente al tiempo transcurrido en uno y otro municipio. Ahora bien, como bien recuerda la R. DGT de 23 de septiembre de 2011 (V-2216-11), la norma resulta clara por lo que el impuesto será exigible por parte del Ayuntamiento a quien figure como titular del vehículo en el permiso de circulación en la fecha del devengo (1 de enero de cada año).

Como propuesta *de lege ferenda* entendemos que podría prorratearse la cuota también en el caso de embargos y precintos de vehículos, tal como sugirió en el año 2003 el Informe de la Comisión para la reforma de la Financiación de las Haciendas Locales.

En esta línea garantista de los derechos de los administrados, algunos Tribunales Superiores de Justicia de forma sorprendente han admitido en alguna ocasión el prorrateo en supuestos que no se recogen de forma expresa en el articulado de la norma. Así, el TSJ. de Valencia de 30 de diciembre de 1997 reconoció el prorrateo en un supuesto de transferencia del vehículo. En efecto, sostiene el Tribunal, "cuando el artículo 97.1 y 97.3 habla de primera adquisición de vehículos, se refiere a la adquisición por primera vez del titular sujeto pasivo actual, incluso cuando ha adquirido el vehículo de segunda mano, significando en este caso, la baja del vehículo para quien lo transmite (apartado 3° del artículo 97) siempre que haya practicado las formalidades administrativas para que aquélla se produzca, y por tanto, habida cuenta que no se discute que el vehículo (…) fue vendido el 10 de marzo de 1992. Siendo la fecha de los permisos de circulación de los nuevos titulares de los dos últimos vehículos, respectivamente, las siguientes: 7 de julio de 1992, 25 de mayo de 1992. Por lo que, según lo expresado, anteriormente, es aplicable el artículo 97.1 y 97.3 al caso de autos, y la Administración debió prorratear por trimestres naturales el importe de la cuota del impuesto". En sentido contrario, se ha manifestado expresamente la STSJ. de Andalucía de 8 de marzo de 2001, o el TEAF. De Donostia en R. de 29 de noviembre de 2007.

Por último, téngase presente que el artículo 96.3 LRHL no establece plazo para solicitar el prorrateo de cuotas por parte de los contribuyentes. No obstante, debe entenderse que nunca podrá ser superior al plazo de prescripción de cuatro años establecido en el artículo 66 LGT.

Para la determinación del momento en que debe comenzar el cómputo de la prescripción, siguiendo la Resolución del Tribunal Económico-administrativo Municipal de la Ciudad de Móstoles de 16 de agosto de 2007 (R. 91/2007), habrá que entender que resulta aplicable lo dispuesto en el artículo 1969 del Código Civil conforme a la *actio nata*. Así, "el tiempo para la prescripción de toda clase de acciones, cuando no haya disposición especial que otra cosa determine, se contará desde el día en que pudieron ejercitarse". En particular, debe entenderse que dicho momento se produce con la baja definitiva del vehículo en el Registro Público.

Capítulo V

Propuestas de mejora del impuesto sobre construcciones, instalaciones y obras

I. PLANTEAMIENTO

Nos encontramos ante un impuesto potestativo aunque está implementado en todas las grandes ciudades, dado que reporta una fuente muy importante de ingresos para los Ayuntamientos.

La determinación de los elementos que integran la base imponible constituye una de las materias con mayor conflictividad del impuesto, y esta situación podría explicarse por cuanto el art. 102.1 de la LRHL prescribe que la base imponible estará conformada por "el coste real y efectivo de la construcción, instalación u obra, y se entiende por tal, a estos efectos, el "coste de ejecución material de aquélla".

II. HACIA UNA CLARIFICACIÓN DE LAS PARTIDAS INTEGRANTES Y EXCLUYENTES DE LA BASE IMPONIBLE PARA LA DETERMINACIÓN DEL "COSTE DE EJECUCIÓN MATERIAL DE LA INSTALACIÓN, CONSTRUCCIÓN U OBRA"

1. Partidas integrantes de la base imponible

En el art. 102.1 de la LRHL se recoge la definición de la base imponible. La base imponible del impuesto está constituida por el coste real y efectivo de la construcción, instalación u obra, entendiéndose por tal el coste de ejecución material de aquélla[1].

Ante la existencia del concepto jurídico indeterminado de "coste real y efectivo", ha tenido el Tribunal Supremo que matizar que dicho "importe" no está constituido por todos los desembolsos efectuados por el dueño de la obra, sino sólo por los que se integran en el presupuesto presentado para su visado en el Colegio Oficial, por los que se excluyen del mismo los gastos generales, el beneficio industrial del contratista, los honorarios profesionales del arquitecto y aparejador, el coste de la maquinaria instalado sobre la obra civil, así como el IVA[2].

Sobre las partidas que integran el concepto de coste real y efectivo existe jurisprudencia del Tribunal Supremo que ha hecho suya la posición defendida en su momento por la doctrina administrativa[3] en relación con las instalaciones de parques fotovoltaicos y eólicos al subrayar que forma parte de la base imponible del ICIO, en el supuesto de *instalación de parques eólicos* y fotovoltaicos el coste de todos los elementos necesarios para la captación de la energía que figuren en el proyecto para el que se solicita la licencia de obras y carezcan de singularidad o identidad propia respecto de la construcción realizada. La conclusión a que se llega de la jurisprudencia es que si bien se

---

1 Se trata de una cuestión clásica que el legislador no ha tenido intención de resolver, por lo que han tenido que ser los Tribunales los que hayan tenido que resolver esta cuestión caso por caso; vid. P. Padilla, P. "Maquinaria e instalaciones en la base imponible del ICIO: diversidad de criterios para su inclusión", *Revista El Consultor de los Ayuntamientos y de los Juzgados*, 2012, pág. 2.

2 Vid. entre otras, las SSTS. 29 de mayo de 1996, 28 de octubre 1996 (TOL191.183), 12 de marzo de 1997 (TOL193.248), 14 de mayo de 1997 (TOL 194.995), y 18 de junio de 1997 (TOL5.143.615). En la misma línea, las SSTSJ Navarra 19 de enero de 2000 y de 31 de marzo de 2000).

3 Vid. Rs. DGT, números V1840-07, de 7 de septiembre; y V0203-08, de 4 de febrero, en relación con los parques solares.

excluyen de la base imponible del ICIO el coste de equipos, la maquinaria e instalaciones mecánicas, salvo el coste de su instalación, construidos por terceros fuera de obra e incorporados a la misma y que por sí mismas no necesitan licencia urbanística, esta exclusión no alcanza (y por consiguiente, debe incorporarse a la base imponible) al coste de los equipos, maquinaria e instalaciones que se construyen, colocan o efectúan como elementos técnicos inseparables de la propia obra, e integrantes del proyecto para el que se solicita la licencia de obras u urbanística y que carezcan de la identidad propia respecto de la construcción realizada[4].

En consecuencia, el Tribunal Supremo exige dos requisitos para que dichos elementos sean incluidos en la base imponible del impuesto:

En primer lugar, que se trate de elementos técnicos que sean inseparables de la propia obra (es decir, que no gocen de autonomía, singularidad o identidad por sí mismos respecto de la construcción realizada). Y en segundo lugar, que hayan sido imprescindibles para la concesión por parte del Ayuntamiento de la licencia urbanística o de la declaración responsable para su funcionamiento.

Nótese que esta doctrina es extrapolable a cualquier tipo de construcción e instalación. Así, las SSTS de 15 de febrero de 1995, de 16 diciembre de 2003 (TOL348.637) y de 5 octubre de 2004 (TOL507.223) afirman que no puede reducirse la obra sometida a ICIO a la que integran las partidas de albañilería (cimentación, estructura, muros perimetrales, forjados, cubiertas, tabiquería, etc.), sino que alcanza también a aquellas instalaciones, como las de electricidad, fontanería, saneamiento, calefacción, aire acondicionado centralizado, ascensores, y cuantas

---

4 El Tribunal Supremo dictó una primera STS. de 14 mayo 2010 (TOL 1.879.607) en relación con los parques eólicos, posición que ha mantenido y extendido para los parques fotovoltaicos, un año después a través de la STS. de 23 de noviembre de 2011.

normalmente discurren por conducciones empotradas, o con aparatos sujetos a las mismos o encastrados, y además sirven para proveer a la construcción de servicios esenciales para su habitabilidad o utilización[5].

- El *beneficio industrial y los gastos generales* no forman parte de la base imponible del impuesto que nos ocupa, pero siempre, que tales partidas sean del contratista, y no de los subcontratistas contratados, importe este que constituirá un coste real y efectivo del total de la obra realizada por el contratista[6].
- En el supuesto de instalación de plantas fotovoltaicas de energía solar, *el coste de todos los elementos necesarios para la captación de la energía* que figuren en el proyecto para el que se solicita la licencia de obras y carezcan de singularidad o identidad propia respecto de la construcción

5 Vid. la STSJ de Castilla La Mancha, de 20 de diciembre de 2010 (TOL2.051.749), respecto del gaseoducto Almería-Chinchilla, la STSJ de Madrid de 4 de noviembre de 2010 (TOL2.033.225) en orden a la construcción de un centro de salud del SUMA 212, respecto a los elementos adquiridos de terceros e incorporados a las obras como ascensores, elementos de climatización, contadores, baterías, etc. Sin embargo, la STSJ. de Madrid de 28 de enero de 2015 (44/2015), excluyó de la base imponible las partidas derivadas de "plantación de jardineras, y ajardinamiento con plantas y árboles, así como la poda y transporte de los árboles" con ocasión de la construcción de un hospital.
La STSJ de Extremadura de 11 de noviembre de 2010 (TOL2.032.226), en cuanto a la instalación de una planta solar fotovoltaica. La STSJ Castilla-La Mancha (Sala de lo Contencioso-Administrativo, de 12 abril de 2010 (TOL1.862.285), ampliación de un centro de tratamiento de residuos urbanos; Sentencia de 13 diciembre de 2010 (JUR TOL2.046.990) planta fotovoltaica y subestación eléctrica, y la de 19 de septiembre de 2011, en relación con "huerto solar", Sentencia de 19 septiembre de 2011 (TOL2.255.162).

6 El TSJ de Comunidad Valenciana en Sentencia de 7 septiembre de 2007 (TOL1.225.176).

realizada[7]. Los *paneles fotovoltaicos,* inversores y seguidores solares son maquinaria o instalaciones que se colocan o instalan como elementos inseparables de la obra[8].

En el mismo sentido, se señala que lo determinante para considerar excluidos de la base imponible los elementos, componentes y sistemas cuestionados radica en que: (1) son todos ellos equipos y elementos construidos por terceros fuera de la instalación y susceptibles de funcionamiento autónomo una vez incorporados a la obra, sin que el proceso constructivo aporte nada diferente a su consideración originaria, salvo la propia incorporación o ensamblaje a la obra global resultante; (2) la licencia urbanística no comprende las especificaciones técnicas de la instalación, por más que los elementos cuestionados figuren en el proyecto para el que se solicitó -dichos elementos no necesitan por sí mismos licencia urbanística-, ya que aquélla se proyecta sobre la conformidad o no con la normativa urbanística de la transformación del terreno (uso del suelo) necesaria para la implantación de la instalación; y (3) en que tales elementos no integran el concepto de ejecución material de la instalación en el sentido de estricto coste de obra civil[9].

Los gastos que se refieren a la obra civil, recogidos en el presupuesto de ejecución material, con los conceptos de materiales, mano de obra, medios auxiliares o maquinaria. Son los propios de albañilería, tales como cimentación, estructura, muros perimetrales, forjados, cubiertas, tabiquería, entre otros[10].

---

7 Las SSTS de 14 de mayo de 2010 (TOL1.879.607), de 23 de noviembre, de 25 de noviembre, y de 9 de diciembre de 2011 (TOL2.342.907).

8 La STSJ. de Extremadura de 17 febrero de 2009 (TOL6.895.916).

9 Vid. la R. de la DGT de 4 febrero 2008, y de 7 septiembre 2007. Respecto a estas mismas instalaciones el TSJ de Castilla y León, en Sentencia de 15 febrero 2010 (TOL1.812.977).

10 Vid. la STS de 16 de diciembre de 2003 (TOL348.637).

Los gastos derivados del suministro de instalaciones que se integran en la construcción, como fontanería, electricidad, climatización y calefacción, saneamiento, vidriería, instalaciones especiales (detección de incendios, ascensores, montacargas), porque sirven para proveer a la construcción de servicios esenciales para su habitabilidad o utilización[11].

Así mismo, el Tribunal Supremo también ha concretado que "no puede reducirse la obra sometida al ICIO a la que integran las partidas de albañilería (cimentación, estructuras, muros perimetrales, forjados, cubiertas, tabiquería, etc.), sino que alcanza también a aquellas instalaciones, como las de electricidad, fontanería, saneamiento, calefacción, aire acondicionado centralizado, ascensores y cuantas normalmente discurren por conducciones empotradas, y sirven, además, para proveer a la construcción de servicios esenciales para su habitabilidad o utilización"[12].

2. *Partidas excluyentes de la base imponible*

a) Importe de los honorarios de los profesionales y técnicos facultativos

El Tribunal Supremo establece una doctrina pacífica entendiendo que quedan excluidos de la base imponible los honorarios profesionales o los llamados honorarios técnicos, como de los arquitectos o aparejadores, ya que «... los honorarios de arquitecto y aparejador, aunque también sean materia de control colegial, no se integran en el presupuesto de ejecución material de la obra»[13].

---

11 Vid. la STSJ del País Vasco de 21 de febrero de 1997.

12 Vid. la STS de 5 de octubre de 2004 (TOL507.223)

13 Vid. las SSTS de 1 de febrero de 1994 (TOL1.692.323); de 21 de febrero de 1995 (TOL1.702.983); de 27 de febrero de 1995 (TOL1.702.976); de 2 de abril de 1996; de 29 de abril de 1996, de 12 de marzo de 1997

Este aspecto, en aras de garantizar la seguridad jurídica tras su pronunciamiento expreso por el Tribunal Supremo ha sido ya excluido por el legislador expresamente en el art. 102.1 de la LRHL.

b) Los gastos generales y el beneficio industrial del contratista

En relación con estas dos partidas, el Tribunal Supremo, al igual que en el caso anterior, las ha excluido de la base imponible del impuesto y el legislador, de manera expresa, en relación con el beneficio empresarial, pero no en relación con los denominados "gastos generales".

Es de lamentar que el legislador siga omitiendo esta partida de la enumeración de partidas excluidas que se incorporan en la redacción vigente del art. 102.1 de la LRHL. No obstante, entendemos que cabe excluirlo igualmente al tratarse de una partida que no integra estrictamente el coste de ejecución material[14].

La jurisprudencia viene de acuerdo con la Ley excluyendo la partida del beneficio industrial del contratista[15]. En efecto, la Administración, para fijar la base imponible del ICIO en su liquidación definitiva, ha acudido correctamente a la documentación correspondiente a la obra ya ejecutada, que es la que contiene datos ciertos y objetivos sobre su coste real, y si en ella no se reflejaba debidamente desglosada la partida referida al beneficio industrial, corresponde a la mercantil, la carga de desvirtuar las conclusiones establecidas por la Administración, lo que no ha hecho, pues no ha acreditado este concepto excluible de la base imponible a partir de prueba alguna, limitándose a señalar el porcentaje que aplica por tal concepto la Administración.

(TOL193.248); de 14 de mayo de 1997 (TOL194.995); de 15 de noviembre de 1997 (TOL196.551); y de 25 de junio de 1999 (TOL1.699.928).

14 Vid. las SSTS de 29 de junio de 1994 (TOL1.691.799) y de 29 de noviembre de 1999 (TOL1.700.342)

15 Vid. la STSJ. La Rioja de 14 julio de 2011 (TOL2.225.946).

Así mismo, la jurisprudencia del Tribunal Supremo establece que el concepto tributario de coste real y efectivo de la obra, en el ICIO, es un concepto estricto del que no forman parte, conforme a una jurisprudencia consolidada, los gastos generales, el beneficio industrial y el IVA[16].

c) Impuesto sobre el Valor Añadido

Dicha partida hoy día resulta pacífica pues a partir de la Ley 50/1998, de 30 de diciembre, se incorporó expresamente al concepto de base imponible al establecer que en el coste real y efectivo «no forman parte, en ningún caso, el Impuesto sobre el Valor Añadido y demás impuestos análogos propios de regímenes especiales, ni tampoco las tasas, precios públicos y demás prestaciones patrimoniales de carácter público local relacionados con dichas construcciones, instalaciones y obras», texto, que ha permanecido en la modificación posterior, por la Ley 51/2002, de 27 diciembre, aunque en este caso, dichas partidas no forman parte del coste de ejecución material.

Doctrina consolidada del Tribunal Supremo, cuando afirma que: «la base imponible en el ICIO está constituida por el coste real y efectivo de la construcción, instalación u obra, esta Sala ha declarado que dicho coste ha de referirse al de ejecución material

---

16 Véase también las SSTS de fecha 30 de abril de 2001 (TOL4.914.556) y de 17 de noviembre de 2005 (TOL827.523). Sin embargo, para que se pueda usar esa exclusión es preciso que el contribuyente acredite la existencia de esas partidas sin que sirva su sola mención mediante porcentajes sin demostración documental de su existencia (STSJ Valencia Sentencia núm. 752/2008 de 9 julio [TOL1.411.861]). En el mismo sentido, las SSTS de 20 de febrero de 1995 (TOL1.703.000); de 2 de abril de 1996 (RJ 1996, 3129); de 29 de abril de 1996 (RJ 1996, 3550); de 28 de octubre de 1996; de 14 de mayo de 1997 (TOL194.995); de 3 de abril de 1999 (TOL1.700.163); de 28 de octubre de 1996 (TOL191.183); de 15 de noviembre de 1997 (TOL196.551); de 3 de abril de 1999 (TOL1.700.163); de 22 de mayo de 1999.

del proyecto, sin incluir en él, el IVA repercutido al propietario por el constructor...»[17].

d) Coste real como consecuencia de una baja de adjudicación en un concurso público de una obra

Cabe cuestionarse si en los supuestos de adjudicaciones por concurso de obras públicas debe tenerse en cuenta para determinar la base imponible el precio de ejecución material por el que la obra había sido publicada por el Ayuntamiento en el correspondiente concurso de licitación de la licencia de obras, o el precio de ejecución material ofrecido por la empresa que resultó adjudicataria de la obra que era menor.

Así, frente al presupuesto de licitación presentado por la Administración (que representa el coste máximo de la obra), los contratistas ofertan unos presupuestos menores, decantándose la Administración por el que suponga ejecutar la obra por un precio inferior que se denomina precio de adjudicación.

En este caso, la polémica se ha centrado en la determinación de la base imponible de la liquidación provisional, puesto que algunos ayuntamientos han venido tomando como base imponible el presupuesto de licitación elaborado por la Administración contratante, a lo que se han opuesto los contribuyentes argumentando que la base imponible debería estar integrada, por el importe del precio de adjudicación.

La jurisprudencia ha resuelto esta cuestión al entender que la liquidación provisional debía calcularse tomando en consideración el coste real y efectivo corregido por la adjudicación a la baja, es decir, en función del precio de adjudicación y no del presupuesto de licitación.

---

17 Vid. las SSTS de 14 de mayo de 1997 (TOL194.995), de 20 de febrero de 1995 (TOL1.703.000), de 15 de noviembre de 1997 (TOL196.551), de 7 de abril de 2000 (TOL35.090), de 30 de marzo de 2002 (TOL1.701.909) y 31 de mayo de 2003 (TOL275.717).

El propio Tribunal Supremo analiza el problema y concluye que “la liquidación provisional debería acomodarse al coste real y efectivo, corregido por la adjudicación a la baja”[18].

No obstante, la STS de 5 de diciembre de 2003 (TOL341.700) estima que si bien la base imponible de la liquidación provisional será el precio de adjudicación, exige que se acredite suficientemente el menor coste respecto del proyecto técnico presentado y lo hace en los siguientes términos: "Desde el punto de vista general y abstracto en que la parte recurrente ha venido planteando el dilema, habría que concluir que, si con ocasión de la impugnación administrativa de la liquidación provisional del ICIO resultara probado que la inicial previsión razonable y técnicamente fundada, de la que antes hablábamos, ha quedado corregida por la adjudicación, a la baja, de las obras subastadas, o por cualquier otra circunstancia, a dicha nueva previsión del coste real y efectivo debería acomodarse la liquidación provisional del impuesto al resolver el recurso de reposición, pero condicionado a que conste acreditado suficientemente ese menor coste respecto al presupuesto del proyecto técnico que se presentó para obtener la licencia urbanística".

Discrepamos de lo precisado por el Tribunal Supremo puesto que, en nuestra opinión, la acreditación del menor coste respecto del presupuesto del proyecto técnico sólo puede realizarse una vez finalizadas las obras, momento en el cual debe practicarse la liquidación definitiva. De otro modo, se estaría confundiendo liquidación provisional (realizada conforme a datos obtenidos con carácter previo a la finalización de la obra) frente a la liquidación definitiva (en la que únicamente se atiende al “coste real y efectivo”).

---

18 Vid. las SSTS. de 29 abril 1996, 24 abril y 14 mayo 1997 (TOL5.143.608) y en la de 5 de diciembre de 2003 (TOL341.700).

Para la STSJ. de Andalucía de 11 de marzo de 1996, la base imponible no la constituye el precio de licitación sino el de adjudicación. Cuando se trata de obras promovidas por Administraciones o Entidades de Derecho Público en que para la contratación de la obra o construcción se haya seguido un procedimiento de licitación o que de algún modo determine la concurrencia de varias ofertas por las empresas concurrentes, resultando adjudicataria alguna por un precio menor, que sirva de base al contrato definitivamente formalizado, en el que se determine un valor de la prestación a ejecutar por el contratista inferior al presupuestado inicialmente por la Administración contratante, resulta evidente que en esta liquidación no puede estarse a dicho presupuesto de licitación por más que esté oficialmente visado, ya que tal presupuesto sólo sirve para determinar el precio máximo que está dispuesta a pagar la Administración por la obra y que sirve de referencia a la licitación y selección del contratista, por lo que en estos casos en la liquidación provisional habrá de estarse al precio de adjudicación que resulte contratado, ya que a éste responde en realidad la determinación del presupuesto que va a ejecutarse materialmente. Con una breve argumentación, también considera que para determinar la base imponible debe acudirse a la oferta realizada por la empresa adjudicataria en lugar del precio de licitación[19].

Por su parte la STSJ. Castilla-La Mancha de 19 de mayo de 1995 consideró que en los supuestos de obras públicas adjudicadas mediante licitación, la base imponible está determinada por el precio final de adjudicación y no por el presupuesto de licitación inicialmente fijado en el concurso. Estima la Sala que cuando se trata de obras promovidas por Administraciones o Entidades de Derecho público en que para la contratación de la obra o construcción se haya seguido un procedimiento de licitación o que de algún modo determine la concurrencia

---

19 Vid. la STSJ Andalucía (Granada) de 6 de mayo de 1996.

de varias ofertas por las empresas concurrentes, resultando adjudicataria alguna por un precio menor, que sirva de base al contrato definitivamente formalizado, en el que se determine un valor de la prestación a ejecutar por el contratista inferior al presupuestado inicialmente por la Administración contratante, resulta evidente que en esta liquidación no puede estarse a dicho presupuesto de licitación por más que esté oficialmente visado, ya que tal presupuesto sólo sirve para determinar el precio máximo que está dispuesta a pagar la Administración por la obra y que sirve de referencia a la licitación y selección del contratista, por lo que en estos casos en la liquidación provisional habrá de estarse al precio de adjudicación que resulte contratado, ya que a éste responde en realidad la determinación del presupuesto que va a ejecutarse materialmente, y ello naturalmente sin perjuicio de las facultades municipales de comprobación posterior de la base imponible cuando se hubieran concluido o terminado efectivamente aquéllas[20].

A idéntica conclusión llegó el TSJ. De Extremadura[21] que dispuso que el punto de partida lógico para la fijación de la base imponible no puede ser otro que el referido al presupuesto de adjudicación de la obra y no, conforme se pretende por la Administración demandada, el presupuesto o suma fijado para la licitación, toda vez que este último únicamente refleja una previsión que no tiene necesariamente que coincidir con el desembolso real que ha de efectuarse que, como es obvio, no será otro que aquel por el que se proceda a la adjudicación o, en definitiva, o la celebración del correspondiente contrato[22].

---

20 En el mismo sentido, puede consultarse las SSTSJ Castilla-La Mancha de 29 de marzo de 1995, 7 de octubre de 1996 y 31 de diciembre de 1996.

21 Vid. STSJ. de Extremadura **de 21 de septiembre de 1995.**

22 En el mismo sentido, puede consultarse las SSTSJ Extremadura de 14 de junio de 1996, 21 de abril de 1998, 11 de febrero de 1999 (TOL7.715.921) y 14 de abril de 1999.

Por el contrario, existe una menor jurisprudencia que toma como referencia para la determinación de la base imponible el presupuesto de licitación que se decantó por tomar como base imponible del ICIO el presupuesto de licitación sin tomar en cuenta la baja de adjudicación[23].

En esta línea, el TSJ de Madrid señala que la baja de adjudicación es una reducción unilateral que a modo de oferta realiza el contratista y que implica una renuncia parcial al montante total del beneficio industrial. Y las rebajas que en este sentido que deseen hacer los licitadores y que no afecten al coste real y efectivo de las obras, no han de tener repercusión en la base imponible del ICIO[24].

En todo caso, conviene recordar que en la fase de liquidación definitiva es doctrina del Tribunal Superior de Justicia de Madrid[25], que para determinar el coste real y efectivo de la obra una vez finalizada la construcción, instalación y obra no ha de acudirse al presupuesto de adjudicación, sino al importe de ejecución material conforme a la obra realmente ejecutada de acuerdo con lo establecido en el art. 102 de la LRHL.

Esta cuestión en nuestra opinión queda zanjada a raíz de la posición del Tribunal Supremo en estos últimos años defendiendo la corrección a la baja por la adjudicación final de la obra por el importe real que es el que ha recoger la base imponible del impuesto. Así que tratándose de "obras para la Administración Pública, la base imponible del ICIO, una vez terminada la obra, y en aplicación del artículo 102.1 LRHL debe atender a los desembolsos efectivamente realizados por el dueño de la obra,

---

23 Vid. las SSTSJ. Castilla y León (Valladolid) de 22 de enero de 1999, del STSJ Asturias de 12 de junio de 1999, y la STSJ Madrid de 28 de abril de 2009

24 Vid. STSJ. de Madrid de fecha 28 abril 2009 (TOL1.912.816).

25 Vid. las SSTSJ. de Madrid, entre otras, de 16 de junio de 2006, de 30 de diciembre de 2009, de 2 de febrero de 2010, y de 13 de diciembre de 2012.

lo que supone tener en consideración la baja con la que se haya adjudicado el contrato" (SSTS. De 10 de junio –TOL7.969.834- y 16 de septiembre de 2020 -TOL8.091.156-).

e) Estudios efectuados sobre impacto ambiental

Aunque este gasto ocasionado por la realización de estudios de impacto ambiental no ha sido acogido de manera expresa por el legislador, consideramos que se puede incluir en la cláusula final que excluye cualquier concepto que no integre estrictamente el coste de ejecución material, como tiene reiterado el Tribunal Supremo, al afirmar que «la otra partida integrante de este capítulo alude al estudio efectuado sobre impacto ambiental de la obra proyectada que tampoco debe computarse en la base imponible, puesto que no se trata de costes directa e inmediatamente relacionados con la obra pretendida sino estudios previos necesarios para la obtención de la licencia, pero que no suponen incremento en el valor de la construcción o instalación que vaya a ejecutarse»[26].

f) Los gastos por estudio de seguridad y salud en las obras

Aunque no ha sido excluido expresamente por el legislador, existe una doctrina jurisprudencial previa que excluye el gasto que ocasiona la realización de Proyectos de Seguridad e Higiene en el Trabajo, ya que a pesar de que haya de incluirse en los proyectos de edificación y obras, es un gasto ajeno al estricto presupuesto de ejecución material de la obra[27].

---

26 Vid. en este sentido, las SSTS de 3 de marzo de 1996 y de 30 de abril de 2001 (TOL33.336), así como la STSJ de Castilla y León, Valladolid, de 25 de septiembre de 2002.

27 Vid. las SSTS de 15 de febrero de 1995 (TOL1.697.755), de 16 diciembre 2003 (TOL348.´637) y de 17 noviembre 2005 (TOL27.523) y del TSJ. Castilla león (Valladolid) de 15 febrero de 2010 (TOL1.812.977).

«Por lo que se refiere a las partidas correspondientes al estudio elaborado por el contratista por seguridad e higiene en el trabajo, en el presupuesto de ejecución material desglosado por capítulos que figura en el expediente administrativo no aparece ningún capítulo referente a ese concepto, por lo que no procede realizar deducción alguna en virtud de aquél»[28], o «según la Ordenanza Fiscal del Ayuntamiento de Pozuelo sobre el ICIO, en consonancia con la Ley de Haciendas Locales, en el art. 2 recoge y define cuál es el hecho imponible del impuesto, constituido por la realización de cualquier construcción, instalación u obra para la que se exija la obtención de la correspondiente licencia urbanística o de obras se haya o no obtenido y el art. 4 establece que la base imponible está constituida por el coste efectivo de la construcción, instalación u obra lo que desde luego supone la exclusión de la partida de un proyecto de seguridad porque éste no forma parte de ese coste efectivo de la obra aun cuando sea necesario para su ejecución y así ha sido apreciado por la jurisprudencia en casos similares donde se planteaba este mismo problema relativo a la exclusión en la base imponible del ICIO de proyectos de seguridad e higiene»[29].

---

28 Vid. la STS de 24 de julio de 1999 (TOL1.699.934), de 2 de junio de 2001 (TOL4.917.397) y de 31 de mayo de 2003 (TOL275.717).

29 Vid. las SSTSJ de Madrid, de 28 de octubre de 1997 y de 19 de octubre de 1996, así como de TSJ de Andalucía de 13 de enero de 2003 (TOL280.238).

A efectos de una mejor comprensión de las distintas partidas que integran y excluyen de la base imponible recogemos el siguiente cuadro aclaratorio[30]:

PARTIDAS INTEGRANTES DE LA BASE IMPONIBLE **(ELEMENTOS INSEPARABLES DE LA OBRA QUE SIRVEN PARA DOTARLA DE HABITABILIDAD)**	**PARTIDAS EXCLUYENTES DE LA BASE IMPONIBLE** **(ELEMENTOS QUE CAREZCAN DE SINGULARIDAD EN LA OBRA)**
Obras de albañilería (cimentación, estructuras, muros, forjados, cubiertas, tabiquería, etc.)	Costes generales y beneficio industrial
Elementos integrantes del proyecto de obra (aire acondicionado, ascensores y montacargas, contadores, etc.)	Honorarios de facultativos (arquitectos, aparejadores e ingenieros)
instalaciones de electricidad, fontanería, saneamiento, calefacción, climatización	Seguridad e higiene en el trabajo y control de calidad
Paneles solares en parques fotovoltaicos y aerogeneradores en parques eólicos.	IVA, IGIC, Tasas, precios públicos y demás prestaciones patrimoniales de carácter público satisfechas con ocasión de la realización de la obra

30 Algunos autores para reducir la alta litigiosidad de esta materia, abogan por una reformulación del legislador tomando como elementos que podrían incluirse en la base imponible de este impuesto siguiendo el mismo criterio que se aplica para el "gasto inmobiliario" en el IVA, lo que generaría una mayor extensión de la base imponible en este impuesto local, pero que podría corregirse a través de una reducción de su tipo de gravamen; cfr. VARONA ALABERN, J.E., "Revisión crítica y análisis jurisprudencial del ICIO, en *Revista Tributos Locales*, nº 77, 2008, págs. 31 y ss. En esta misma línea, A. DELGADO MERCÉ y M. ALONSO GIL, "La base imponible del ICIO: aspectos polémicos en torno a la Maquinaria e Instalaciones y a las bajas de adjudicación", Revista *Tributos Locales*, nº 86, 2009, pág. 69.

3. Imposibilidad de aplicar estimaciones objetivas para la liquidación definitiva del Impuesto

En aras de simplificar la cuantificación de la base imponible algunos Ayuntamientos utilizan sistemas de estimación objetiva para la determinación de la base imponible (v.gr. tablas con precios medios de mercado de materiales de construcción). Consideramos que resulta ajustado a Derecho utilizarlos siempre que se utilicen para la liquidación provisional del impuesto[31], pero debe excluirse a riesgo de alejarse del principio de capacidad económica con ocasión de la liquidación definitiva una vez que ya existe una certificación final de la obra.

En efecto, no consideramos adecuado establecer como sistema para determinar el coste real y efectivo de la obra (con ocasión de la liquidación definitiva) estimaciones objetivas como la base de precios de construcción publicadas por algunos Colegios de aparejadores y arquitectos técnicos. En esta línea, puede consultarse la STSJ. de Madrid de 4 de febrero de 2016 que estimó las pretensiones de una promotora en cuanto que la Administración utilizó la base de precios de construcción publicada por el Colegio de aparejadores y arquitectos técnicos de Guadalajara sin la más mínima motivación del por qué usó ese sistema forfetario en lugar de la certificación de obra aportada por la empresa constructora[32]. Así las cosas, la LRHL de conformidad con el principio de capacidad económica exige determinar la base imponible en la liquidación definitiva por el coste real y efectivo

---

31 En esta línea, vid. la STSJ. de Cataluña de 24 de octubre de 2001.

32 En sentido contrario, se había pronunciado este mismo Tribunal anteriormente en las Sentencias de 25 de mayo de 2007 y de 14 de diciembre de 2010 considerando que las "mencionadas bases de datos se encuentran ampliamente implantadas y publicadas siendo de general conocimiento y utilización en el sector de la construcción por lo que no resulta procedente negar su conocimiento por empresas especializadas en el mismo pudiendo sin indefensión alguna acreditar cualquier error en la aplicación de los concretos datos utilizados por parte de la Administración".

de la construcción realizada, y no en base a estimaciones forfetarias que pueden resultar de gran interés para los supuestos de estimación indirecta en los que la Administración emplea cualquier medio que permita reconstruir la base imponible cuando no es posible un método de estimación directa, pero no cuando el contribuyente aporta una certificación de obras realizada *in situ* sobre la construcción objeto de gravamen[33].

III. ALGUNAS CUESTIONES PROBLEMÁTICAS SOBRE LA GESTIÓN DEL TRIBUTO

1. Planteamiento

La gestión del ICIO se regula en el art. 103 LRHL disponiendo que:

> «Cuando se conceda la licencia preceptiva o se presente la declaración responsable o la comunicación previa o cuando, no habiéndose solicitado, concedido o denegado aún dicha licencia preceptiva, se inicie la construcción, instalación u obra, se practicará una *liquidación provisional a cuenta* , determinándose la base imponible:
>
> En función del presupuesto presentado por los interesados, siempre que el mismo hubiera sido visado por el Colegio Oficial correspondiente cuando ello constituya un requisito preceptivo.
>
> Cuando la Ordenanza fiscal así lo prevea, en función de los índices o módulos que la misma establezca al efecto.
>
> Una vez finalizada la construcción, instalación u obra, y teniendo en cuenta el coste real y efectivo de la misma, el Ayuntamiento,

33 En esta misma línea, vid. R. FRAILE FERNÁNDEZ, "La liquidación definitiva del ICIO. Especial atención a los casos en que la liquidación provisional siguió el método de estimación objetiva y el empleo de bases de datos de Colegios Profesionales, *Revista Tributos Locales*, nº 144, 2020, pág. 103; y M. ALONSO GIL, "La comprobación de la liquidación definitiva del ICIO", *Revista Tributos Locales*, nº 148, 2021, págs. 44 y ss.

> mediante la oportuna comprobación administrativa, modificará, en su caso, la base imponible a que se refiere el apartado anterior practicando la correspondiente liquidación definitiva, y exigiendo del sujeto pasivo o reintegrándole, en su caso, la cantidad que corresponda.
>
> Los Ayuntamientos podrán exigir este impuesto en régimen de autoliquidación.
>
> Los Ayuntamientos podrán establecer en sus ordenanzas fiscales sistemas de gestión conjunta y coordinada de este impuesto y de la tasa correspondiente al otorgamiento de la licencia».

En este art. 103, bajo la rúbrica «gestión», se incorporan algunos elementos que poco tienen que ver con la propia gestión del impuesto, como son el apartado segundo, que se refiere a las bonificaciones que puede establecer la Corporaciones locales y, el apartado tercero, referente, a la posibilidad de practicarse la deducción por el importe satisfecho en concepto de tasa por el otorgamiento de la licencia de obras.

Pues bien, abogamos porque la LRHL regule expresamente la habilitación para que las ordenanzas establezcan un sistema de autoliquidación para facilitar la comprobación tributaria que se producirá con ocasión de la finalización de la obra. Esta situación llevaría a zanjar la cuestión de si tienen o no competencia los Ayuntamientos para exigir al sujeto pasivo una autoliquidación o solamente una certificación final de obra para que sea entonces la Administración la que emita una liquidación con los datos declarados por el administrado[34].

---

34 Esta situación ha dado lugar a una intensa polémica doctrinal y jurisprudencial. Vid. por todos, M. ALONSO GIL, "La comprobación de la liquidación definitiva del ICIO", *Revista Tributos Locales*, n 148, 2020, págs. 24 y ss.

2. Liquidación de un pago a cuenta y liquidación provisional a cuenta

a) Cuantificación

A la hora de cuantificar, tanto el pago a cuenta, como de la liquidación provisional, se establecen dos posibilidades:

- en función del presupuesto presentado por los interesados, siempre que el mismo hubiera sido visado por el Colegio Oficial correspondiente cuando ello constituya un requisito preceptivo.
- cuando la ordenanza fiscal así lo prevea, en función de los índices o módulos que la misma establezca al efecto.

Deberán ser los Ayuntamientos los que decidan qué método de cuantificación va a seguir para determinar la base imponible del ICIO, ya que el sistema de índices o módulos no es de aplicación subsidiaria en el caso de no haber presupuesto de ejecución, sino que se podrá aplicar antes de acudir al presupuesto visado, siempre que venga contemplado en la Ordenanza del Impuesto.

Los Tribunales sin entrar en las correcciones técnicas anteriores admiten sin problemas la posibilidad de anticipación del impuesto[35].

La existencia de dos liquidaciones diferentes, una provisional y otra definitiva, con dos momentos de devengo distintos para una y otra (la primera, con ocasión de la concesión de la licencia, o la declaración responsable, y la segunda, al finalizar las mismas) ha hecho que algún tribunal defina el ICIO como un «auténtico doble impuesto» con dos bases diferentes. La jurisprudencia ha entendido que no existe un fenómeno de provisionalidad o carácter definitivo de una liquidación,

---

[35] Vid. las SSTS. de 12 de abril de 1997 (TOL5.143.398) y de 16 de marzo de 1998 (TOL38.630).

sino de un auténtico doble impuesto, puesto que se giran dos liquidaciones sobre dos bases diferentes y con dos devengos distintos[36].

La mal llamada liquidación provisional en el ICIO, que supone anticipar su exigibilidad, liquidación y pago a cuenta de una obligación tributaria no nacida, se concreta en un momento temporal «cuando se conceda la licencia preceptiva» que no puede equiparse al de la solicitud de la licencia y prestación del servicio, fases anteriores al del otorgamiento, incluso puede mediar desfases temporales entre las fases, de los que se hacen eco la STS de 12 de marzo de 1998 (TOL36.477) y la STSJ de Cataluña de 17 de junio de 2008 (TOL1.375.430).

La STSJ Andalucía de Granada, TSJ Andalucía, Granada (Sala de lo Contencioso-Administrativo, Sección 2ª), sentencia núm. 821/2009 de 23 noviembre (JUR 2010, 129085) , puntualiza que: «Cuando se concede la licencia preceptiva, o al momento iniciarse la construcción o instalación que corresponda, se debe determinar una liquidación provisional a cuenta que será girada en función del presupuesto presentado por los interesados siempre que haya sido visado por el colegio oficial correspondiente, si bien la base imponible está constituida por el coste real y efectivo de la obra o instalación, entendiendo por tal, su coste de ejecución material. Los proyectos-resumen presentados a liquidación reunían los elementos de valoración precisos para proceder a la práctica de las liquidaciones provisionales. La base imponible del ICIO ha de delimitarse en atención al coste presupuestado de la obra civil, entendiendo por tal, el coste de ejecución de la obra propiamente dicha, los de acceso a las instalaciones, cimentación de las plataformas que soportan los molinos eólicos, zanjas, y viales».

---

36 Vid. la STSJ Madrid de 27 de septiembre de 2002.

b) Prescripción del derecho a liquidar

De acuerdo al art. 66 LGT, el plazo de prescripción será de cuatro años. La jurisprudencia[37] diferencia ambos momentos (el de la liquidación provisional y la definitiva) en atención a la diferente función que cumplen uno y otro. Siendo, pues, derechos autónomos no existe inconveniente en que se practique una liquidación definitiva aunque haya prescrito el derecho a liquidar provisionalmente. Esto último ocurre cuando transcurren más de cuatro años entre la fecha de *devengo* del impuesto (inicio de las obras) y la de notificación de la liquidación provisional.

A su vez, el TSJ Madrid considera que el pago de la liquidación provisional no interrumpe la prescripción de la liquidación definitiva, ya que corresponde a un hecho imponible distinto y a una liquidación diferente[38].

El problema en el ICIO radica en establecer cuándo debe iniciarse el cómputo del periodo de prescripción de cuatro años, que, según el art. 67 LGT, empieza al día siguiente a aquel en que finaliza el plazo reglamentario para presentar la correspondiente declaración o autoliquidación, o al día siguiente a la finalización del período voluntario de pago.

En consecuencia, los tribunales han reconocido expresamente la existencia de dos plazos de prescripción distintos: uno aplicable a la liquidación provisional y otro a la definitiva.

En efecto, la jurisprudencia del Tribunal Supremo[39] señala que "a la vista de la jurisprudencia expuesta, la conclusión a la que se llega es que a partir de la entrada en vigor de la LRHL y, en concreto de su art. 104.2, el computo del plazo de prescripción del ICIO se inicia desde que finaliza la obra gravada y ello porque, aunque el hecho imponible del impuesto comienza a

---

37 Vid. la STSJ Extremadura de 26 de septiembre de 2002 (TOL230.558)

38 Vid. la STSJ. de Madrid de 27 de septiembre de 2002.

39 Vid. la STS de 14 de septiembre de 2005 (TOL731.954).

realizarse con la ejecución de la obra (art. 101.1 de la LRHL), como el ICIO no es un impuesto instantáneo, ese hecho imponible se desarrolla en el lapso de tiempo que media entre el comienzo y la finalización de la obra. Como se ha señalado, el hecho imponible comienza a realizarse al iniciarse la ejecución de la obra y termina con su completa ejecución, momento en que la Administración, tras comprobar cuál ha sido su coste efectivo, puede girar la liquidación definitiva que proceda (art. 104.2 de la LRHL), aunque el art. 103.4 del citado cuerpo legal fije el devengo no en ese momento final sino en el inicial de la fecha del comienzo de la construcción de la obra." El fallo de esta Sentencia fija la siguiente doctrina legal: "El plazo de prescripción del derecho de la Administración a practicar la respectiva liquidación definitiva por el ICIO debe computarse no desde el inicio de la obra, sino cuando ésta ya haya finalizado, a la vista de las construcciones, instalaciones y obras efectivamente realizadas y del coste real de las mismas"[40].

El TSJ. de Galicia ha señalado que practicada una liquidación provisional al comienzo de las obras, no es que haya una interrupción "ex lege" de la prescripción, sino que tal instituto solamente se puede contemplar a partir de la liquidación definitiva, si procede. De este modo, si la obra no se ejecutó y la licencia no caducó, no puede hablarse ni de prescripción de lo abonado provisionalmente ni de concurrencia de prescripción en relación con lo provisionalmente ingresado, pues si tal prescripción no concurre, cuando el ingreso provisional es "debido", por haberse desarrollado la obra, con mayor razón aún, ante la pasividad administrativa en relación con la licencia, tampoco puede contemplarse la prescripción si el ingreso es "indebido", en el sentido de que se concreta en una carencia sobrevenida de causa al no ejecutarse la obra cuya licencia generó el ingreso[41].

---

40 Vid. la STS de 14 de septiembre de 2005 (TOL731.954).

41 Vid. la STSJ. de Galicia de 6 de mayo de 2009 (TOL1.525.793).

Más recientemente, el Tribunal Supremo ha declarado que una vez que de acuerdo al art. 103 de la LRHL el órgano de gestión dicta la liquidación definitiva, caduca la acción de la Corporación Local de iniciar un ulterior procedimiento de comprobación ya en sede de los órganos de inspección[42].

---

42 Vid. la STS. de 12 de marzo de 2015 (TOL4.797.293).

Capítulo VI
Propuestas de mejora del impuesto sobre el incremento del valor de los terrenos de naturaleza urbana

I. PLANTEAMIENTO

La declaración de inconstitucionalidad de la fórmula de cálculo de la base imponible del impuesto tiene su origen como es sabido en el "desplome" del precio de los inmuebles del año 2008 con ocasión de la crisis económica del "*real estate*".

Téngase presente que hasta el comienzo de la crisis inmobiliaria los precios de los activos inmobiliarios siempre habían experimentado una tendencia alcista "incrementándose de valor" con el paso del tiempo. No se cuestionaba que la transmisión de un inmueble pudiera generar "pérdidas de valor" por lo que el legislador tributario en coherencia con esta presunción racional basada en máximas de experiencia (*id quod plerumque accidit*) estimaba de acuerdo con el artículo 107 LRHL la existencia de una revalorización de aproximadamente un 3 por 100 anual.

Sin embargo, el "pinchazo" de la burbuja inmobiliaria puso en tela de juicio este régimen legal al producir con cierta frecuencia situaciones en las que el resultado de la inversión inmobiliaria no había generado ningún incremento patrimonial *real* del terreno transmitido.

Nótese que la legislación tradicional de este impuesto ha empleado como criterio lógico un sistema objetivo de determinación de la base imponible del Impuesto sobre el incremento del valor de los terrenos de naturaleza urbana (en adelante, IIVTNU) consistente en aplicar sobre el valor catastral del inmueble en el momento del devengo del impuesto un porcentaje automático de revalorización anual que iba variando en función de cada ordenanza municipal en base al número de años transcurridos desde la fecha de su adquisición.

Se trata de una mala interpretación de lo que viene conociéndose en la esfera de las matemáticas financieras como el sistema de capitalización mediante la fórmula del "descuento simple".

Precisamente algunos Tribunales Superiores de Justicia de las CCAA (de Andalucía en STSJ. de 8 de marzo de 2017 así como la pionera Sentencia del TSJ. De Castilla La Mancha de 17 de abril de 2012 -TOL2.520.349-) estimaron las pretensiones del administrado por considerar que la fórmula empleada por la Administración para determinar el "incremento real del valor de terreno" era incorrecta a fin de determinar el valor actual de la rentabilidad obtenida con ocasión de la tenencia del bien.

En las páginas que siguen analizaremos cuál debería ser el sistema empleado por el legislador local para una futura revisión de la actual normativa con ocasión de la promulgación del Decreto Ley 26/2021, tras la declaración de inconstitucionalidad del Tribunal Constitucional al objeto de que resulte compatible con el principio de capacidad económica proclamado en el art. 31 CE. En todo caso, nótese que el instrumento empleado por el legislador tributario a través del citado Decreto Ley ha sido avalado por Nuestro Tribunal Constitucional en la STC. 35/2023, de 18 de abril (TOL9.542.964), justificando la extraordinaria y urgente necesidad del citado cuerpo normativo a fin de rellenar el vacío legal creado con ocasión del pronunciamiento de declaración de inconstitucionalidad y nulidad de determinados preceptos de su normativa reguladora por Nuestro Alto Tribunal con ocasión de la STC. 182/2021 (TOL8.641.521).

II. ANÁLISIS DE LA REGULACIÓN ACTUAL

1. Planteamiento

Como advierte la exposición de motivos del Real Decreto Ley 26/2021, las modificaciones operadas tienen por objeto dar respuesta al mandato del Alto Tribunal de llevar a cabo las modificaciones o adaptaciones pertinentes en el régimen legal del impuesto como consecuencia de los pronunciamientos del Tribunal Constitucional, al objeto de dar unidad a la normativa del impuesto y cumplir con el principio de capacidad económica.

Por un lado, y a fin de dar cumplimiento al mandato del Tribunal Constitucional contenido desde la pionera STC 59/2017 (TOL6.092.482), de no someter a tributación las situaciones de inexistencia de incremento de valor de los terrenos se introduce un nuevo supuesto de "no sujeción" para los casos en que se constate, a instancia del interesado, que no se ha producido un "incremento" de valor, sino un "decremento".

Por otro lado, se mejora técnicamente la determinación de la base imponible para que refleje en todo momento la realidad del mercado inmobiliario, reconociéndose la posibilidad de que los ayuntamientos puedan corregir a la baja de acuerdo a la idiosincrasia cartográfica de cada municipio (valorizando el principio de autonomía local) los valores catastrales del suelo en función de su grado de actualización (que sustituyen a los anteriormente vigentes porcentajes anuales aplicables sobre el valor del terreno para la determinación de la base imponible del impuesto) a través de unos coeficientes máximos establecidos en función del número de años transcurridos desde la adquisición del terreno, siendo actualizados anualmente, mediante norma con rango legal, teniendo en cuenta la evolución de los precios de las compraventas realizadas.

2. Delimitación negativa del hecho imponible: supuesto de no sujeción (art. 104.5 LRHL)

El RDL. 26/2021, introduce un nuevo apartado 5 al art. 104 LRHL estableciendo un supuesto de "no sujeción" al impuesto para aquellas situaciones en las que se acredite un "decremento" del valor del terreno. Consideramos acertada esta regulación, pues aunque el legislador no está obligado a incluir aquellas situaciones de "no sujeción" por quedar extramuros del elemento objetivo del hecho imponible[1], sí es cierto, que razones aclaratorias suelen aconsejar su inclusión, máxime por los antecedentes jurisprudenciales que han provocado esta reforma, así como la propia fórmula de cálculo para determinar el "incremento" que es lo que viene a delimitar positiva o negativamente el hecho imponible[2]. En esta línea, el art. 20.2 LGT habilita al legislador para que de forma potestativa pueda incluir determinados supuestos de "no sujeción" por razones aclaratorias ("la ley podrá completar la delimitación del hecho imponible mediante la mención de supuestos de no sujeción").

El interesado está obligado a declarar la operación de transmisión onerosa o gratuita debiendo acreditar en su caso el "decremento" mediante la prueba de que el valor de adquisición es superior al de enajenación. Para ello el sujeto pasivo[3] deberá

---

1 En esta línea, el art. 20.2 LGT prescribe que "la Ley *podrá* completar la delimitación del hecho imponible mediante la mención de supuestos de no sujeción" (la cursiva es nuestra).

2 Téngase presente de la importancia de este extremo que "la delimitación del hecho imponible" es una materia que tiene reserva de ley ex art. 8.a) LGT.

3 Nótese que a efectos de aportar la prueba negativa de realización del hecho imponible, de acuerdo al art. 106 TR. LRHL, recaerá en el transmitente en los supuestos de transmisiones onerosas. Mientras le incumbirá al adquirente en los casos de transmisiones gratuitas, así como en

aportar copia de la escritura de transmisión y adquisición, salvo que dicho valor haya sido comprobado por la Administración[4], prevaleciendo según prescribe la norma, el mayor valor entre ambos (escriturado ó comprobado), cuando en puridad debería ser siempre el comprobado por la Administración, por cuanto este último valor es el que mejor se acercaría al valor real objetivo pretendido por el legislador al configurar dicho gravamen.

Además, a efectos de determinar dicho "valor" no se computarán los gastos o tributos que graven dichas operaciones. Esto explica que el Tribunal Supremo no haya admitido con la ya derogada normativa deducir del valor catastral del inmueble los "costes de urbanización" (STS. De 12 de marzo de 2019 -TOL7.151.371-)[5]. La explicación de esta exclusión podría fundamentarse por

---

las transmisiones onerosas cuando el vendedor no resida en España. Ante la ausencia de regulación propia del impuesto para determinar la residencia del vendedor, ha de acudirse a los criterios para la determinación de la residencia fiscal en que se regulan en los arts. 6 LIRNR y 9 LIRPF: permanencia territorial, centro de intereses económicos, ó la presunción familiar cuando el cónyuge no separado legalmente viva fuera de España.

4 Obsérvese que de acuerdo con la STS. 21 de diciembre de 2015 (RC 2068/2014), en un recurso de casación para unificación de doctrina, ha de proclamarse el principio de unidad de valoración, vinculando a la Administración estatal a raíz de la valoración efectuada previamente por la Administración Autonómica), en base a un principio de coherencia y actos propios (arts. 3.1.b) y d) de la Ley 40/2015, de régimen jurídico del sector público, así como el de seguridad jurídica (art. 9.3 CE). Hoy día con la implantación del "valor de referencia" se evitaría esta disparidad de criterios entre Administraciones territoriales.

5 Conforme a esta doctrina jurisprudencial, el impuesto "no grava el beneficio económico de una determinada actividad empresarial ni profesional, ni el incremento de patrimonio puesto de manifiesto con motivo de la transmisión de un elemento patrimonial integrado por suelo de naturaleza urbana, sino la renta potencial puesta de manifiesto en el incremento de valor de los terrenos de naturaleza

cuanto lo que ha de gravarse no es un decremento en términos de "renta" (lo que en este caso sí se justificaría su inclusión), sino un "decremento por la diferencia del valor del "suelo" en el momento en que se adquirió frente al que se transmite. En esta línea, ya se manifestó anteriormente el Tribunal Constitucional en varios autos (AATC. 261 y 269/2003, de 15 de julio) recordando la inexistencia de una "doble imposición" por supuesta superposición de hechos imponibles, por cuanto en el IRPF se grava el "beneficio" obtenido a través de la categoría de las ganancias de patrimonio producidas con ocasión de una transmisión jurídica, situación que sin embargo considera el Alto Tribunal es distinta al objeto del impuesto municipal al gravarse el "incremento del valor del terreno".

Con buen criterio, tal como se reguló en su momento en el régimen foral[6], cuando se transmita en bloque un bien inmueble "edificado", y no únicamente el "suelo" a través de un solar o del terreno, habrá que excluir a efectos de este impuesto la parte proporcional que represente el "vuelo", por cuanto recuérdese que la Corporación Local solo está habilitada para gravar el incremento de valor del "suelo" transmitido.

---

urbana durante el periodo de permanencia del bien en el patrimonio del transmitente, con un máximo de veinte años".

6 En efecto, El Decreto foral normativo 3/2017, de 20 de junio, de Bizkaia, aprobado con ocasión de las SSTC. 26 y 37/2017, en su artículo único prescribe que "en el supuesto de que en los valores tomados como referencia para determinar el incremento de valor de los terrenos (...) no se diferencie de forma expresa el valor atribuible a la construcción y el atribuible al suelo, se tomará como referencia la proporción existente, respecto del valor catastral vigente en el momento del devengo de este impuesto, del valor catastral del suelo y el valor catastral de la construcción. En el supuesto de que el valor catastral del suelo y la construcción no pudiera desglosarse, se podrá aplicar el mismo con una reducción del 60 por 100". En sentido similar, se manifiesta el art. 4 del Decreto foral normativo 2/2021, de 29 de septiembre, de la Diputación Foral de Alava.

Así mismo, a efectos de determinar la existencia o no de "decremento" en las transmisiones *gratuitas*, se tomará igualmente el mismo criterio de prorrateo utilizado para las transmisiones onerosas. No obstante, habrá de calcularse por la diferencia entre el valor "declarado en el ISD"[7] menos el valor catastral total (incluyendo suelo y vuelo). En estos casos, recuérdese que se aplicará el sistema del "valor de referencia", así que de acuerdo al remozado art. 9.3 LISD (redacción dada por la Ley 11/2021, de 9 de julio, de medidas de prevención y lucha contra el fraude fiscal), se determinará la base imponible de este impuesto cedido a las CCAA en base al "valor de referencia" previsto en la normativa reguladora del catastro inmobiliario, salvo que el valor del inmueble declarado por los interesados sea superior al de referencia, tomándose entonces el primero como base imponible.

Por último, para ulteriores transmisiones de supuestos de "no sujeción", y, en consecuencia, no gravados por este impuesto, no se tendrá en cuenta para el cómputo del número de años generador del "incremento" el período anterior a la fecha en que fue adquirido, excepto en el caso regulado en la DA 2ª LIS en operaciones de reestructuración empresarial que no se hallen integrados en una rama de actividad y en consecuencia, no se aplique el régimen de diferimiento tributario del art. 87.2 LIS. Así las cosas, se mantiene la especialidad recogida en dicha DA 2ª, apartado segunda, por la que prescribe que "en la posterior transmisión de un terreno que se aporte en una operación de reestructuración empresarial se entenderá que el número de años a lo largo de los cuales se ha puesto de manifiesto el incremento de valor no se ha interrumpido por causa

7 Nótese que se sustituye en las transmisiones gratuitas, el valor del "suelo" que es el utilizado para las compraventas, por el "valor declarado en el ISD" ex inciso quinto del art. 104.5 LRHL, por lo que en la mayoría de las ocasiones lo que producirá un "incremento" a efectos de su sujeción a este impuesto local, y no a un "decremento" no sujeto por mor de este nuevo art. 104.5 LRHL.

de la transmisión derivada de las operaciones previstas en el capítulo VII del título VII" por lo que existe un cómputo total de los años de tenencia del terreno y con independencia de la existencia del proceso de reorganización empresarial[8].

3. El nuevo método para determinar la base imponible (estimación directa e indiciaria) del art. 107 LRHL

Con buen criterio, el legislador (haciendo suya la doctrina del Tribunal Constitucional) reconoce tras la nueva redacción dada al art. 107.5 LRHL un *derecho subjetivo* en favor del sujeto pasivo permitiéndole elegir a efectos de determinar la base imponible del impuesto entre un método de estimación objetiva (indiciario), frente al de estimación directa[9].

---

8 Nótese que en el supuesto de que no concurran las circunstancias que reconocen los arts. 76-89 LIS no se aplicará el diferimiento tributario, y en consecuencia, también se devengará el IIVTNU como consecuencia de la transmisión, liquidando la plusvalía la sociedad absorbida en un supuesto de fusiones, ó bien, la sociedad escindida en el supuesto de escisiones (vid. entre otras, las Rs. DGT de 4 y 24 de noviembre de 2014). Así mismo, nótese que este supuesto de "no sujeción" no será aplicable en los supuestos de terrenos en concepto de aportaciones no dinerarias, cuando no se hallen integrados en una rama de actividad (STSJ. de Madrid de 18 de septiembre de 2013, y de Cataluña de 27 de noviembre de 2003).

9 Nótese que la nueva redacción dada al art. 107.5 LRHL genera una discusión jurídica sustancial sobre si dicha disposición genera un "*derecho subjetivo*" en favor del administrado (posición por la que nos inclinamos), o si por el contrario establece una "*opción tributaria*" de las que regula el art. 119.3 LGT ("las opciones que según la normativa tributaria se deban ejercitar, solicitar o renunciar con la presentación de una declaración no podrán rectificarse con posterioridad en ese momento, *salvo que la rectificación se presente en el período reglamentario de declaración*" -la cursiva es nuestra-). Las opciones tributarias que regula el citado art. 119.3 LGT podrían definirse como una facultad de decisión que la norma pone a disposición de los obligados tributarios para el cumplimiento de una obligación tributaria material, permitiéndoles que puedan elegir entre dos alternativas

En la misma línea defendida en estas páginas, la Dirección General de Tributos (V0983-22, de 4 de mayo), así como la Subdirección General de Tributos Locales (Informe IE-0081) han defendido el "derecho subjetivo" que ostenta el administrado en orden a poder elegir aquel método de determinación de la base imponible que le resulte más atractivo, pudiendo hacerlo valer (tanto en fase de declaración como en vía de revisión), como en el marco de la interposición del correspondiente

---

legítimas posibles e incompatibles entre sí, y cuyo ejercicio produce plenos efectos jurídicos al vincular tanto a la Administración tributaria como al propio interesado. Sobre el carácter irrevocable de dicho ejercicio puede consultarse a Y. MARTÍNEZ MUÑOZ, "Las opciones en la Ley General Tributaria", en VVAA, Tratado sobre la Ley General Tributaria. Homenaje a Alvaro Rodríguez Bereijo, Tomo II, Aranzadi, 2010, págs. 428 y ss. R.I. FERNÁNDEZ LÓPEZ, "Los beneficios fiscales condicionados a la presentación de declaraciones tributarias", *Quincena Fiscal,* nº 19, 2019. E. CORDERO GONZALEZ, *Las bases imponibles negativas en el Impuesto sobre Sociedades,* Aranzadi, Pamplona, 2017, págs. 141 y ss. A.Mª. JUAN LOZANO, *Opciones tributarias y derechos de defensa: cuestiones prácticas,* Francis Lefevbre, Madrid, 2018. L. MALVAREZ PASCUAL, "Las exigencias formales para el ejercicio de opciones fiscales. Estudio de su régimen jurídico a la luz del principio de proporcionalidad", *Revista Técnica Tributaria,* nº 88, 2010. S. MONTESINOS OLTRA, "Aplicación de cantidades pendientes de compensación o deducción y opciones tributarias: análisis del nuevo apartado 4 del art. 119 LGT", *Crónica Tributaria,* nº 161, 2016, págs. 97 y ss.

La cuestión no es baladí, pues en caso de decantarnos por un *"derecho subjetivo"* al albur del art. 120.3 LGT podría impugnarse dicha autoliquidación (en el plazo de cuatro años), o si el Ayuntamiento tiene implantado un sistema de declaración -liquidación (hasta el plazo máximo de un mes desde la finalización del período establecido para el pago), frente a los supuestos de *"opciones tributarias"* que de acuerdo a la redacción citada del apartado 3º del art. 119 LGT solo podría ejercitarse durante el período voluntario que establezca la normativa del tributo, que como es sabido, en el caso del IIVTNU, para las transmisiones *inter vivos* son treinta días hábiles, frente a las transmisiones *mortis causa,* que serían seis meses prorrogables a un año a solicitud del sujeto pasivo *ex* art. 110.2 LRHL.

recurso o reclamación contra el acto de liquidación para aquellos supuestos que sean técnicamente de "no sujeción", o bien, cuando la "ganancia obtenida sea menor que la base imponible determinada por la fórmula de cálculo objetiva[10].

En efecto, la normativa actual tras habilitar un doble método para determinar la base imponible del impuesto tiene una clara vocación de adaptarse a la doctrina sentada por el Tribunal Constitucional que en su STC.182/2021, afirmó con rotundidad que "por lo que a la obligatoriedad de la norma de cuantificación aquí cuestionada se refiere, al no contemplarse en el art. 107 LRHL la estimación directa de la base imponible sino sólo una única estimación objetiva, se constituye, como apunta el abogado del Estado, una verdadera regla imperativa de valoración del "incremento de valor" gravado. En este sentido, la STC 59/2017, terminó con la ficción legal de la existencia inexorable de un incremento de valor (y por tanto, de gravamen) con toda transmisión de suelo urbano, determinando que dicha transmisión es condición necesaria pero no suficiente para el nacimiento de la obligación tributaria en un impuesto cuyo objeto es el incremento de valor (FJ 3º). Pero

---

10 Para D. MARÍN- BARNUEVO FABO, no nos encontramos ante un régimen de opción tributaria de los regulados en el art. 119.3 LGT por cuanto no existe posibilidad de "optar", pues existe un mandato legal para aplicar el método más beneficioso para el administrado; cfr. "La definitiva declaración de inconstitucionalidad de la plusvalía municipal y la nueva regulación del impuesto", *Revista Estudios Financieros,* nº 468, 2022, pág. 48.
No comparte esta opinión J.I. GOMAR SÁNCHEZ, que considera que tendría más lógica que dicho supuesto se entendiese como un supuesto de "opción tributaria" de las que regula el art. 119.3 LGT, pues lo contrario, introduce una grave inseguridad jurídica para la Administración municipal, abocando a una incertidumbre en tanto la liquidación no sea firme, incertidumbre que puede hacer impracticable la gestión del tributo; cfr. "La estimación directa de la base imponible del Impuesto municipal de plusvalía", Revista *Tributos Locales,* nº 165, 2023, pág. 48.

una vez constatada la efectividad de esa plusvalía, lo cierto es que, como bien específica la representación estatal, *los preceptos legales impugnados sólo permiten tomar en consideración el valor catastral en el momento del devengo y no acudir a otros valores, como podría ser el valor catastral en el momento de la adquisición del terreno o los valores comparativos de compra y venta del mismo* (la cursiva es nuestra). O lo que es lo mismo, el artículo 107 LRHL no permite la prueba de incrementos efectivos distintos (generalmente inferiores) al legalmente calculado y, por ende, la tributación en consecuencia. Y ello porque la presunción de que el suelo urbano se revaloriza anualmente (y aumenta en función de los años de tenencia) es únicamente la *ratio legis* de la regla de valoración ahora enjuiciada y no la regla de valoración en sí; presunción vulgar (que no jurídica) que venía respaldada por la realidad económica del tiempo que en que se promulgó este sistema objetivo de medición (art. 108 Ley 39/1988, de 28 de diciembre, reguladora de las Haciendas Locales)".

Nótese que el art. 50.3 LGT prescribe que "las bases imponibles se determinarán con carácter general a través de estimación directa. No obstante, la Ley podrá establecer los supuestos en que sea de aplicación el método de estimación objetiva, que tendrá en todo caso, carácter voluntario para los obligados tributarios".

En esta línea se manifiesta el remozado art. 107.5 LRHL al señalar que "cuando, *a instancia del sujeto pasivo* (la cursiva es nuestra), conforme al procedimiento establecido en el art. 104.5 se constate que el importe del incremento de valor es inferior al importe de la base imponible determinada con arreglo a lo dispuesto en los apartados anteriores de este artículo, se tomará como base imponible el importe de dicho incremento de valor".

Así las cosas, los Ayuntamientos habilitan dos métodos de cálculo para la determinación de la base imponible (una estimación *objetiva* o indiciaria -fundamentado en el valor del suelo en el momento del devengo al que se le aplicará un coeficiente conforme al período de años de generación del incremento-; así como una estimación *directa* -basado en la diferencia del valor del suelo en dos momentos determinados -cuando se adquiere frente al que se transmite de acuerdo al procedimiento articulado en el art. 104.5 analizado en el anterior epígrafe.

Respecto a la estimación objetiva (mediante la inclusión de un método indiciario), consideramos que el legislador ha decidido *ex profeso* desviarse de lo que debería ser su objeto fin (ajustarse a un valor "real"). Es cierto que permite al sujeto pasivo acudir mediante una estimación directa a otra forma de determinación de la base imponible, pero el que se permita al administrado elegir otra opción para cuantificar el hecho imponible, no es óbice para tratar de elegir fórmulas que se acerquen a la verdadera capacidad económica, y este método, *prima facie,* ya nace con esta disfunción.

En efecto, el renovado art. 107.1 LRHL establece que "la base imponible de este impuesto está constituida por el incremento del valor de los terrenos *puesto de manifiesto en el momento del devengo* y experimentado a lo largo de un período máximo de veinte años, y se determinará, sin perjuicio de lo dispuesto en el apartado 5 de este artículo, multiplicando el valor del terreno en el momento del devengo calculado conforme a lo establecido en sus apartados 2 y 3, por el coeficiente que corresponda al período de generación conforme a lo previsto en su apartado 4".

Por su parte, el mismo apartado 2° del citado precepto también incide en la misma regla de valoración señalando en su apartado a) que "en las transmisiones de terrenos, *el valor de estos en el momento del devengo será el que tengan determinado en dicho momento a efectos del IBI*".

Llama la atención por un lado, que el legislador (pese a la declaración de nulidad del citado precepto) mantiene básicamente la misma regla de cuantificación anterior con algunos ajustes, pero en lo trascendental sigue siendo un sistema indiciario que parte de un error técnico de base que no se ha tenido intención de corregir. Es cierto que se ha sustituido el sistema anterior de porcentajes multiplicadores por años, por un sistema anual de coeficientes máximos que pueden actualizarse a través de las Leyes anuales de presupuestos generales del Estado. Desconocemos -a falta de disponer de la memoria económica que resulta inherente para la aprobación del citado cuerpo normativo- en qué se ha basado el legislador para introducir estos coeficientes frente a otros[11].

Pues bien, el legislador fiel al anuncio dado en el art. 107.4 LRHL de que dichos coeficientes serían actualizados a través de las Leyes anuales de Presupuestos Generales del Estado, ha realizado en esta línea ya dos actualizaciones. El primer ajuste se realizó a través de la Ley 31/2022, de 24 de diciembre, de Presupuestos Generales del Estado para el año 2023. Y el segundo, más recientemente mediante el Real Decreto-ley 8/2023, de 27 de diciembre, por el que se adoptan medidas para afrontar las consecuencias económicas y sociales derivadas de los conflictos en Ucrania y Oriente Próximo, así como para paliar los efectos de

---

[11] Por desgracia, las gestiones realizadas para disponer de la memoria económica del citado cuerpo normativo han sido infructuosas por lo que confiemos que el Gobierno se haya fundamentado para la determinación de dichos coeficientes, mediante cualquiera de estas tres fuentes estadísticas solventes:

- informes del Observatorio de vivienda y suelo del Ministerio de Transportes, Movilidad y Agenda Urbana: https://www.mitma.gob.es/arquitectura-vivienda-y-suelo/urbanismo-y-politica-de-suelo/estudios-y-publicaciones/observatorio-de-vivienda-y-suelo;
- información extraída de viviendas por municipios que ofrece el Instituto Nacional de estadística:

  Viviendas por municipios (con más de 2.000 habitantes) y tipo de vivienda (3456) (ine.es);

  ó incluso a través del anuario "Estadística registral inmobiliaria" que publica el Colegio de Registradores de la Propiedad:

  Estadísticas de la propiedad (registradores.org)

la sequía, que en su art. 24 ha dado una nueva redacción en los siguientes términos[12]:

Período de generación	Coeficiente
< 1 año	0,15
1 año	0,15
2 años	0,14
3 años	0,14
4 años	0,16
5 años	0,18
6 años	0,19
7 años	0,20
8 años	0,19
9 años	0,15
10 años	0,12
11 años	0,10
12 años	0,09
13 años	0,09
14 años	0,09
15 años	0,09
16 años	0,10
17 años	0,13
18 años	0,17
19 años	0,23
≥ 20 años	0,45

Sin embargo, más allá de unos coeficientes u otros (que en cualquier caso, entendemos que se basarán en unos datos objetivos técnicos, tratan de justificarse a través de la Exposición de

12 Tampoco tenemos constancia de la existencia de una memoria económica que entendemos resulta necesaria para justificar la actualización de estos nuevos coeficientes.

motivos del RDL 26/2021, cuando afirma que "la norma resulta coherente con el vigente ordenamiento jurídico, ajustándose, por ello, al principio de seguridad jurídica, *mediante el establecimiento de un método de determinación de la base imponible ajustado en todo momento a la realidad del mercado inmobiliario,* y permitiendo al contribuyente la opción por un método alternativo a aquel en que se determine la base imponible por diferencia entre los valores de adquisición y transmisión del inmueble". En nuestra opinión, el sistema objetivo tiene que tener vocación de ajustarse a la realidad del mercado, y pese a que la normativa permita al administrado acogerse a un régimen de estimación directa. Es cierto, que razones de simplificación pueden justificar la adopción de un sistema indiciario, pero éste volvemos a insistir debe venir fundamentado en base a algún criterio objetivo a fin de evitar la tensión con el principio de capacidad económica así como el de interdicción de la arbitrariedad (arts. 31 y 9.3 CE respectivamente).

Ahora bien, lejos de haber configurado el legislador este sistema indiciario de coeficientes (para actualizar el valor catastral del terreno) mediante una presunción *iuris et de iure* (que no admite prueba en contrario), nótese que el mayor reproche lo encontramos al fijar el valor del suelo no en la fecha en que fue "adquirido" por su titular, sino en el momento del devengo, es decir, en el momento en que se produce la transmisión tanto onerosa como gratuita. En orden a determinar el "incremento" resulta ilógico (produciendo una total incoherencia en su relación intrínseca entre el hecho imponible y base imponible) que el legislador trate de hallar el "incremento" calculando un valor del suelo en un momento "final" aplicándole unos coeficientes que precisamente tratan de calcular el incremento producido desde el momento inicial. Es de lamentar que el legislador actual no haya corregido esta cuestión que ha permanecido invariable en las distintas versiones de la norma (incluso con ocasión del borrador primigenio de reforma fechado en el año 2017[13]). Así

---

13 En efecto, de acuerdo con la doctrina dictada también por el Alto Tribunal en relación con los Impuestos balear y extremeño sobre instalacio-

las cosas, al tener en cuenta el valor catastral en el momento de la "transmisión" y multiplicar por el número de años transcurridos desde la adquisición, lo que se grava es la revalorización futura del terreno a partir de la misma, es decir, el incremento de valor del suelo en los años sucesivos y no en los años en los que se mantuvo la propiedad. La explicación del mantenimiento de esta disfunción se debe a que de forma sorprendente el Tribunal Supremo en diversas sentencias (vid. SSTS. de 6 de marzo y de 10 de junio de 2019 -TOL7.119.251 y 2093/2017 -TOL7.313.793-) no ha considerado contrario a Derecho que el legislador en orden a fijar la regla de estimación objetiva se atenga al valor del suelo "en el momento del devengo" es decir, en la fecha de la transmisión, cuando en puridad, siguiendo la fórmula de capitalización financiera del "descuento simple" debería retrotraerse al momento en el que se haya adquirido dicho terreno.

Así las cosas, el incremento patrimonial a gravar por este impuesto debería obtenerse por la fórmula: valor catastral en el momento de la adquisición x coeficiente (rentabilidad) x número de años de tenencia[14].

Sin embargo, el sistema empleado por el legislador actual difiere de la anterior aplicándose una variante de la fórmula del descuento simple con un error técnico en relación con el valor catastral que en lugar de tomar en cuenta éste en el momento en

---

nes que incidían en el medio ambiente (SSTC 289/2000 -TOL81.382-, y 176/2006 -TOL956.791-), y que fueron declarados inconstitucionales por lesionar el principio de proporcionalidad por cuanto no resultaba idónea la base imponible en relación con el hecho imponible configurado por el legislador autonómico.

14 En particular, el proceso matemático para obtener dicho resultado (plusvalía = V. Inicial x coeficiente x nº de años de tenencia) sería el siguiente:

- Valor Final = Valor Inicial (1+ rentabilidad x Número de años)
- Valor Final= Valor Inicial – Valor Inicial x Rentabilidad x número de años
- **Valor Final – Valor Inicial (plusvalía) = Valor inicial x Rentabilidad (coef.) x número de años**

que se adquirió dicho inmueble, se fija como valor de referencia, el momento en que se transmite, lo que no resulta coherente:

B.I. = Valor catastral *al momento del devengo* (V. Final) x nº de años x Rentabilidad (coeficiente)[15]

En efecto, si lo que pretendemos es cuantificar el "incremento de valor" *experimentado* (es decir, con origen en un período pretérito de tiempo) desde que se adquirió en origen el inmueble hasta que se transmite, no puede tomarse como referencia el valor catastral del año de la venta (es decir, a la fecha del devengo del impuesto), sino en el momento en que fue adquirido. Nótese que de acuerdo al art. 104 LRHL el objeto del tributo es someter a gravamen "el incremento de valor que experimenten dichos terrenos y se ponga de manifiesto a consecuencia de la transmisión de la propiedad de los terrenos por cualquier título". Ahora bien, en orden a su cuantificación (de acuerdo al art. 107 LRHL) el cálculo parte de un error de base como es determinar dicho "incremento" no de forma retrospectiva sino prospectivamente lo que genera tensión con el principio de capacidad económica si lo que pretende gravarse es un hecho cierto y real de acuerdo con la evolución del valor catastral desde que se adquirió hasta que se transmite, no futuro e irreal como sucede actualmente. Así las cosas, el intervalo temporal a determinar vendría por fijar como *dies a quo* (fecha de inicio del cómputo) el año en que adquiere el inmueble, y como *dies ad quem* (fecha final de cálculo) el año en que se transmite. Sin embargo, en orden a determinar el

---

15 El legislador actual emplea el siguiente criterio matemático para determinar el incremento generado:

- **Valor Inicial = Valor Final (1 – rentabilidad x número de años)**
- Valor Inicial = Valor Final – Valor Final x rentabilidad x número de años
- **Valor Final – Valor Inicial = Valor Final x rentabilidad x número de años**

"incremento de valor del terreno" que exige el legislador someter a gravamen, se ha decidido intencionalmente prescindir de su valor real estableciendo una fórmula objetiva que no se ajusta a la capacidad económica en los términos que establece el Tribunal Constitucional en su STC. 182/2021, de 28 de octubre -TOL8.641.521-.

Esta falta de coherencia intencionada del legislador consideramos que debería poder ser impugnada con esperanzas de éxito ante los Tribunales con el permiso del Tribunal Supremo que en los últimos años sin embargo ha preferido pasarlo por alto... (SSTS. De 10 de junio de 2019 -RC 2093/2017- y de 19 de mayo de 2020 -RC 3315/2017-).

En todo caso, resulta plausible que el legislador haya incluido también la aplicación de un coeficiente para aquellas situaciones de transmisiones de terrenos con menos de un año desde su adquisición, pues se trata de operaciones especulativas en las que no existía ninguna fundamentación para quedar excluidas de gravamen como ha sucedido en el pasado. Ahora bien, podía así mismo haberse fomentado las transmisiones onerosas o gratuitas de vivienda habitual -de acuerdo a la definición recogida en la LIRPF[16]- mediante el establecimiento de un coeficiente reductor (o bien, podría producir el mismo efecto a través de un tipo de

---

16 Así, de acuerdo a la DA 23ª LIRPF se entiende por "vivienda habitual" aquella en la que el contribuyente resida durante un plazo continuado de tres años. No obstante, se entenderá que la vivienda tiene dicho carácter cuando, a pesar de no haber transcurrido dicho plazo, concurran circunstancias que necesariamente exijan el cambio de vivienda, tales como celebración de matrimonio, separación matrimonial, traslado laboral, obtención de primer empleo o de empleo más ventajoso u otras análogas
Cuando la vivienda hubiera sido habitada de manera efectiva y permanente por el contribuyente en el plazo de doce meses, contados a partir de la fecha de adquisición o terminación de las obras, el plazo de tres años previsto en el párrafo anterior se computará desde esta última fecha".

gravamen más reducido[17]) en estos casos de acuerdo al principio rector del art. 47 CE. El legislador en el mismo artículo 107.3 prevé en su nueva versión que los ayuntamientos puedan establecer reducciones para aquellas situaciones de modificación de los valores catastrales como consecuencia de un procedimiento de valoración colectiva de carácter general.

4. Flexibilización del método para determinar el "incremento de valor" (art. 110.4 LRHL)

La declaración de nulidad e inconstitucionalidad del art. 110.4 LRHL desde la pionera STC 59/2017, de 11 de mayo -TOL6.092.482- hasta la STC. 182/2021, de 26 de octubre, ha obligado a dar una nueva redacción a este precepto permitiendo la opción al interesado de acreditar el "incremento" o el "decremento" al que alude el nuevo art. 104.5 del mismo cuerpo normativo, mediante un sistema distinto al indiciario recogido en el artículo 107.

En efecto, el Tribunal Constitucional realizó un juicio de reproche respecto de la imposibilidad de que la normativa por aquél entonces vigente permitiera al administrado acreditar la "inexistencia del incremento" a efectos de evitar su tributación. La normativa anterior establecía una regla sustantiva automatizada de cuantificación del hecho imponible que impedía la contraprueba por parte del administrado por lo que declaró inconstitucional y nulo el artículo 110.4 LRHL al impedir a los sujetos pasivos que pudieran acreditar la existencia de una situación inexpresiva de capacidad económica a efectos de evitar la tributación por dicho impuesto (SSTC 26/2017 -TOL6.000.116-; FJ 7º-; 37/2017, -FJ 5º-; y 59/2017, -TOL6.092.482-; FJ 5º-).

---

[17] Nótese que actualmente el art. 108 TR. LRHL establece un tipo máximo del 30 por 100 por lo que los Ayuntamientos a través de la autonomía local podrían introducir tipos de gravamen inferiores para hacer efectivo el mandato constitucional de favorecer una vivienda digna y adecuada *ex* art. 47 CE.

La nueva redacción incluye ya la posibilidad de que el administrado pueda acreditar una regla de cuantificación del "incremento" siguiendo un método de estimación directa (arts. 104.5 y 107.5 LRHL), extramuros de la fórmula mecánica a la que se llega mediante el sistema indiciario de estimación objetiva que reconocen los apartados 1° y 4° del art. 107 LRHL.

Debe en consecuencia, valorarse de forma positiva la nueva regulación del método de estimación directa en orden a que dicho impuesto sea respetuoso con el principio de capacidad económica evitando el alcance confiscatorio que se produce cuando se gravan situaciones inexpresivas de capacidad económica tal como proscribe el art. 31.1 de Nuestra Carta Magna[18].

Por último, la regulación vigente ha introducido un nuevo apartado 8 al art. 110 a fin de que las entidades locales puedan disponer de las valoraciones que haya efectuado la Administración autonómica con ocasión de los procedimientos de comprobación tributaria a los que puedan estar sometidos los contribuyentes en los impuestos cedidos a las CCAA que gravan transmisiones patrimoniales (TPO e ISD). Nótese que de acuerdo con el nuevo art. 104.5 LRHL el administrado ha de tomar el mayor valor entre el escriturado o en su caso el comprobado por la Administración Tributaria, por lo que exige que la entidad local disponga de información sobre si dicho inmueble objeto de este gravamen municipal ha sido objeto de este procedimiento de comprobación, pues deberá consignar como valor del terreno el comprobado por la Administración autonómica si éste es superior al fijado en las escrituras públicas, ya que la información de las operaciones de transmisiones de inmuebles elevadas a escritura pública son bien conocidas por las Entidades Locales al amparo de la obligación que tie-

---

18 Nótese que la *ratio* del legislador Constituyente al introducir el art. 31 CE fue establecer un límite infranqueable mínimo (impidiendo gravar situaciones inexpresivas de capacidad económica) y máximo de imposición (mediante una presión fiscal desproporcionada).

nen los notarios de remitir a los Ayuntamientos donde se encuentre localizado el inmueble, dentro de la primera quincena de cada trimestre, de la relación o índice comprensivo de todos los documentos por ellos autorizados en el trimestre anterior, en los que se contengan hechos, actos o negocios jurídicos realizados que pongan de manifiesto la realización del hecho imponible de este impuesto, con excepción de los actos de última voluntad. Incluso, también están obligados a remitir dentro de este mismo plazo, relación de los documentos privados comprensivos de los mismos hechos, actos o negocios jurídicos que les hayan sido presentados para conocimiento o legitimación de firmas (art. 110.7 LRHL).

III. REFORMULACIÓN DEL ACTUAL TRIBUTO POR UN NUEVO IMPUESTO OBLIGATORIO SOBRE LAS PLUSVALÍAS INMOBILIARIAS

La litigiosidad creada por este tributo durante estos años nos invita a reformular el actual tributo por un nuevo impuesto obligatorio (por razones de armonización interna) sobre las plusvalías inmobiliarias (IMPI), que someta a gravamen todos aquellos incrementos de valor de los inmuebles con ocasión de su transmisión onerosa o gratuita.

El nuevo diseño de tributo coincidiría con el existente en los impuestos estatales sobre la renta pero aplicando sobre el valor de adquisición un coeficiente que gradúe la inflación. Debe reconocerse que frente a esta posición que defendemos el Pleno del Tribunal Constitucional se ha pronunciado en la STC. 67/2023, de 6 de junio (TOL9.630.068), sobre la constitucionalidad de que el legislador de IRPF no esté obligado a tener que corregir los efectos de la inflación sobre las transmisiones de bienes inmuebles, con ocasión de la supresión por la Ley 35/2006, de reforma parcial de IRPF, de los coeficientes de actualización para aminorar sobre la ganancia de patrimonio lo que era producto del fenómeno inflacionario. En todo caso, se trata de un pronunciamiento muy polémico y que ha dado lugar a diversos votos particulares en sentido contrario.

Ahora bien, para evitar la doble imposición jurídica que se produce sobre el transmitente debería permitirse deducir la cuota pagada por dicho tributo municipal sobre el valor de transmisión en el Impuesto estatal sobre la renta siempre que haya sido efectivamente soportado por el transmitente[19]. Nótese que la normativa tributaria no impide la traslación económica del tributo sobre personas ajenas a la relación jurídico-tributaria (art. 17.5 LGT), o cuando el transmitente sea una persona física no residente en España (art. 106.2 LRHL).

---

19 Con mirada crítica ALBIÑANA GARCÍA-QUINTANA, ya denunció hace treinta y cinco años la "*sobre*imposición, la *super* imposición así como la *doble* imposición" que soportaban los bienes inmuebles por las distintas Administraciones territoriales (Central, autonómica y local); cfr. "Los impuestos potestativos en la nueva Ley de Haciendas Locales: notas críticas", *La Ley*, nº 2269, 1989, pág. 2.

Capítulo VII

Propuestas de mejora de tasas y otras prestaciones patrimoniales públicas no tributarias

I. CONSIDERACIONES CRÍTICAS SOBRE LA TASA POR LICENCIA URBANÍSTICA

1. Aspectos materiales

De conformidad con el apartado h) del art. 20.4 LRHL, las entidades locales podrán establecer tasas por la prestación de un servicio público relativo al otorgamiento de licencias urbanísticas exigidas por la legislación del suelo y ordenación urbana.

Ahora bien, en los últimos años se ha planteado una importante problemática en relación a si cabía entender devengada la citada tasa en aquellos casos de "denegación" de la solicitud de concesión de una licencia urbanística. Tradicionalmente el Tribunal Supremo había venido reconociendo la devolución del pago de la tasa al administrado por entender que con el desistimiento tácito por ausencia de resolución[1], o con la denegación de la concesión de la licencia desaparecía la razón del tributo. En esta misma línea, las SSTS. 19 de enero de 2002 (TOL1.701.692), 26 de febrero de 2001 (TOL4.917.530), de 13 de enero (TOL5.141.465-, de 8 de julio (TOL5.141.438) y 24

[1] Vid. la STS. de 11 de febrero de 2005 (TOL619.692).

de septiembre de 1996; de 12 de junio (TOL5.143.443) y 3 de julio de 1997 (TOL195.180); así como de 30 de marzo de 1999 (TOL44.227) habían venido también a defender esta posición jurisprudencial pues se trataba de una actividad de resultado, por lo que sólo operaba el nacimiento de la obligación con el otorgamiento de la licencia. Incluso, la STS de 18 de febrero de 1998 (TOL39.424) llegó a afirmar que en el caso de una concesión de licencia adquirida por silencio positivo no se devengaba la tasa por inactividad de la Administración. En nuestra opinión, solo podría devengarse la tasa si el Ente Público pudiera acreditar la existencia de actividad administrativa[2].

Sin embargo, con buen criterio el Tribunal Supremo a partir de la STS. de 5 de febrero de 2020[3] ha corregido dicha doctrina jurisprudencial declarando que "siendo cierto que la efectiva realización de la actividad o del servicio es requisito fundamental para que se entienda realizado el hecho imponible de la tasa, no lo es menos que esa actividad administrativa no tiene por qué finalizar con un acto en que se acceda a las pretensiones del solicitante, ya que el hecho imponible se articula en el aspecto material de su elemento objetivo en torno a la realización de la actividad administrativa o la prestación del servicio, más allá de cuáles sean sus resultados (...). Si el servicio o actividad municipal solicitados por el interesado se desarrollan efectivamente y se refieren a él, le afectan o benefician de modo particular, es jurídicamente irrelevante que el resultado final de dichos servicios o actividad sea, o no, favorable a sus pretensiones, ya que en todo caso se habrá realizado el elemento objeto del hecho imponible de esta clase de tasas.

---

2 En sentido contrario a nuestra posición, se ha pronunciado la R. del Tribunal administrativo de Navarra de 28 de mayo de 2016.

3 Vid. la STS. de 5 de febrero de 2010 (TOL1.792.860). A partir de esa fecha el TSJ. de Madrid en SS. de 13 de septiembre de 2012 (TOL2.675.606) y de 21 de enero de 2014 (TOL4.113.108) ha seguido esta misma doctrina.

(...) Ahora bien, una cosa es que el servicio o actividad deban necesariamente afectar o referirse a un individuo o entidad concretos e identificables y otra, muy distinta, que deban producirles necesariamente un beneficio particular, en el sentido de ser favorables a sus intereses, ya que existen múltiples supuestos en que la actividad administrativa provocada por el sujeto pasivo atiende también a la satisfacción de intereses generales (inspecciones, regulación del tráfico, etc.), y sin embargo, al resultar identificable la persona que provoca dicha actividad, que se le refiere o afecta, queda sujeta al pago de la correspondiente tasa local".

Tras el pronunciamiento del Tribunal Supremo, entendemos que seguirán planteando problemas prácticos los casos de *desistimiento* antes de que se dicte la resolución administrativa de concesión o denegación, así como los supuestos de *renuncia* de la licencia concedida.

En los supuestos de *desistimiento,* es decir, cuando el administrado haya decidido voluntariamente hacer decaer su derecho antes de que la Administración resuelva el expediente, entendemos que habría que concretar cuál será el estado de tramitación en que se encuentra el expediente administrativo.

Así, debe reconocerse que el artículo 26.1 LRHL señala que las tasas se devengan "(...) b) cuando se presente la solicitud que inicie la actuación o el expediente", por consiguiente, nace la obligación desde el momento de su solicitud y con independencia del estado de tramitación de ésta. La citada jurisprudencia confirma la validez de la ordenanza fiscal de Zaragoza en este punto que establecía la aplicación de una devolución del 50 por 100 del importe de la tasa en los casos de desistimiento, así como de la devolución del importe total o parcial de la tasa en los supuestos de renuncia voluntaria de la licencia concedida[4]. Con buen criterio, el Tribunal Supremo sostiene que "se ha desarrollado la actividad municipal, tanto técnica

---

4 Vid. la citada STS. de 5 de febrero de 2010 (TOL1.792.860).

como administrativa tendente al otorgamiento de la licencia y que sobre la base de que se dan los presupuestos del hecho imponible de la tasa, se ha exigido y efectuado el pago de la tasa. Nada obliga pues a la Administración municipal a tener que reintegrar, total o parcialmente, la cuota satisfecha en su totalidad. Por eso, la pretensión de reducción, de la cuota de la tasa en los casos de renuncia por el interesado a la licencia concedida, no puede ser acogida, sobre todo si el argumento que se invoca en apoyo de la tesis de la reducción es que el Ayuntamiento había seguido la práctica de la devolución desde hacía años hasta que cambió".

Por razones de eficacia práctica, algunas ordenanzas establecen la reducción de un porcentaje, y con independencia del estado en que se encuentre la tramitación administrativa del expediente. Este es el caso de la Ordenanza fiscal del Ayuntamiento de Madrid de la tasa por prestación de servicios urbanísticos, al establecer en su actual art. 20.3 (modificado por Acuerdo de Pleno de 20 de diciembre de 2010) que "en el supuesto de que el interesado desista de la solicitud formulada antes de que se dicte la oportuna resolución o de que se complete la actividad municipal requerida, se reducirá la cantidad a abonar al 25 por 100 de la cuota a pagar". El citado precepto especifica que hay desistimiento, "aunque no se haya efectuado expresamente por el interesado, cuando no aporte en plazo la documentación que necesariamente debe acompañar a la solicitud y que le ha sido requerida por la Administración Municipal, así como en todos aquellos casos en los que el expediente tenga que ser archivado por deficiencias en la actuación del interesado".

Nótese que parece de justicia que el administrado tenga que compensar al ente público de alguna forma por los costes de gestión y tramitación del expediente partiendo del hecho objetivo de que ha sido el administrado el que ha desistido en su solicitud por lo que el ente público puede ser ajeno a esta voluntad unilateral del contribuyente de dar por finalizada la actuación administrativa. Habría por ello que determinar (en base a los costes directos e indirectos que se reflejan en la memoria) cuál debería ser el importe de esa "compensación" en lo que podríamos estar ante una tasa por tramitación de licencias urbanísticas.

En nuestra opinión, y pese al avance experimentado como consecuencia de la jurisprudencia del Tribunal Supremo, una reducción (por razones de simplificación) del 25 por 100 de la cuota total podría resultar insuficiente en base al principio de proporcionalidad, en el supuesto de que la Administración acabe de iniciar la tramitación del expediente y se limite a solicitar al administrado alguna documentación que éste finalmente no presenta en el plazo requerido.

Por el contrario, en los casos de *renuncia voluntaria,* es decir, una vez que ha sido concedida la licencia en favor del administrado, la jurisprudencia del Tribunal Supremo es extraordinariamente clara denegando con buen criterio la devolución, pues "ha de tenerse en cuenta que en estos casos se ha desarrollado la actividad municipal, tanto técnica como administrativa, tendente al otorgamiento de la licencia y que sobre la base de que se dan los presupuestos del hecho imponible de la tasa, se ha exigido y efectuado el pago de la tasa. Nada obliga pues a la Administración municipal a tener que reintegrar, total o parcialmente, la cuota satisfecha en su totalidad. Por eso, la pretensión de reducción, de la cuota de la tasa en los casos de renuncia por el interesado a la licencia concedida, no puede ser acogida"[5].

---

5 Vid. STS. de 23 de octubre de 1995.

En el siguiente cuadro sinóptico resumimos la incidencia tributaria de las distintas situaciones que podrían producirse con ocasión de la tramitación de una solicitud de licencia urbanística:

SITUACIÓN ADMINISTRATIVA	INCIDENCIA TRIBUTARIA	JURISPRUDENCIA
DENEGACIÓN/CONCESIÓN DE LA LICENCIA	EXIGENCIA DE TASA	STS. 5.10.2010
RENUNCIA VOLUNTARIA (NOTIFICADO EL ACTO ADMINISTRATIVO)	EXIGENCIA DE TASA	STS. 5.10.2010
DESISTIMIENTO (SIN NOTIFICAR EL ACTO ADMINISTRATIVO DE CONCESIÓN O DENEGACIÓN)	NO EXIGENCIA DE TASA (PERO EL AYTO. PUEDE LIQUIDAR UNA PARTE PROPORCIONAL COMO COMPENSACIÓN POR EL SERVICIO PRESTADO)	NO EXISTE DOCTRINA JURISPRUDENCIAL DEL TRIBUNAL SUPREMO HASTA LA FECHA

2. *Compatibilidad de la tasa de licencia urbanística con el ICIO*

Nótese que el principio de capacidad económica despliega sus efectos con diversa intensidad en función de la figura tributaria sobre la que se proyecta. Así las cosas, el principio de capacidad económica proyecta su máxima intensidad sobre los impuestos, y en las tasas dicho axioma se confunde con el principio del beneficio[6]. La concurrencia entre tasas e impuestos municipales desplie-

[6] Como ha advertido el Tribunal Supremo, "es la necesaria existencia de una actividad administrativa en el presupuesto de hecho de la tasa la que coloca en ella, en una posición claramente secundaria, el principio de capacidad económica, habida cuenta que, también a diferencia del impuesto, la prestación tributaria no se satisface porque se realice un hecho que manifieste mayor o menor capacidad económica, sino porque se recibe un servicio de la Administración". Esta reflexión le llevó al Alto Tribunal a considerar respetuoso con el principio de capacidad económica que el Ayuntamiento de Granada graduara la tasa de recogida de basuras industrial fijando distintas cuotas en función de la categoría (número de estrellas) del

ga precisamente su máxima intensidad contributiva en relación con la concurrencia de la exigencia de la tasa de licencia urbanística junto al ICIO.

De acuerdo con la doctrina del Tribunal Supremo la exigencia conjunta de una tasa de licencia urbanística junto con el ICIO constituye una práctica perfectamente legítima en cuanto se produce el devengo de dos tributos por conceptos distintos. Por un lado, ha de exigirse una tasa de licencia de obras por la prestación del servicio municipal de verificación de los requisitos administrativos de validez de toda obra civil, y con posterioridad ha de liquidarse el ICIO por la realización de la construcción, instalación o la obra. En consecuencia, para el Tribunal Supremo se trata de dos presupuestos de hecho diferentes por lo que técnicamente no existe doble imposición. Así, a juicio del Tribunal Supremo existe una capacidad económica puesta de manifiesto por la realización de la obra, mientras que por otro lado, se grava la actividad administrativa que realiza el ente público con ocasión de la concesión de la licencia[7].

En efecto, conforme a la doctrina del Tribunal Supremo, en la concepción legal no existe coincidencia entre el hecho imponible de la tasa y el del impuesto sobre construcciones, instalaciones y obras porque el primero viene constituido por la prestación de servicios administrativos de verificación de la legalidad de la obra proyectada, previos a la concesión de la correspondiente licencia, y en el segundo por la realización, dentro del término municipal, de cualquier construcción, instalación u obra para la que se exija la obtención de la correspondiente

---

servicio de alojamiento hotelero (STS. de 30 de enero de 2002 -RC 3848/1997-).

7 Vid. las SSTS. 17 de enero de 1994 (TOL1.691.993), de 11 de octubre de 1994 (TOL1.695.460), de 5 de mayo de 1997 (TOL5.149.022), de 18 de junio de 1997 (TOL194.764), 27 de noviembre de 1997 (TOL196.197), 26 de noviembre de 1999 (TOL1.700.375) y 21 de mayo de 2001 (RC 1306/1996).

licencia municipal de obras urbanísticas, se haya obtenido o no dicha licencia.

En nuestra opinión se trata de una doctrina ciertamente discutible que pretende salvar los problemas de doble imposición tributaria que se produce en este tipo de situaciones. Resulta cierto –y en este punto compartimos plenamente la postura del Alto Tribunal- que nos encontramos ante dos hechos imponibles diferentes. Por un lado, en la tasa se grava la *actividad administrativa desplegada* por el ente público con objeto de verificar que las obras que se pretenden ejecutar se ajustan a la legalidad urbanística a los efectos de conceder la licencia de obras, o en el caso de haberse ya ejecutado la construcción que se adecúan al proyecto presentado. Por otro, en el ICIO se grava la *realización de una construcción, instalación u obra* para la que se exige la obtención de la correspondiente licencia municipal de obras. Sin embargo, lo que resulta rechazable es que la tasa tal como está diseñada grave el mismo objeto fin que el ICIO. Si la base imponible de la tasa se determina -al igual que en la liquidación provisional del ICIO- por un porcentaje del presupuesto de ejecución material de la obra se estará gravando dos veces el mismo objeto tributario lo que resulta difícilmente explicable y esconde bajo la denominación formal de tasa lo que desde el punto de vista de su configuración técnica se acerca más a la naturaleza de un impuesto.

No debe perderse de vista que la creación del ICIO trató de paliar la práctica viciada de algunos Ayuntamientos de exigir a través de la tasa de licencia de obras una cuota tributaria que excedía con creces del verdadero coste de la actividad administrativa desplegada por el ente público con ocasión de la prestación del servicio. La creación de este impuesto salvaría los problemas a los que se enfrentaba la tasa de licencia urbanística al exigirse cuotas muy por encima del coste del servicio. El Diario de sesiones del Congreso de los Diputados con ocasión de la aprobación de la Ley Reguladora de las Haciendas Locales de 1988 se hizo eco precisamente de esta problemática y de la justificación de la aparición de ese nuevo impuesto (ICIO) para salvar dicha limitación legal (Diario de sesiones del Congreso de los Diputados de 8 de noviembre de 1988, págs. 12463 – 121475).

Entendemos que el efecto "cuasi confiscatorio" de esta sobreimposición de tributos queda minimizado en cuanto que el artículo 103.3 LRHL establece la posibilidad de que el Ayuntamiento permita en la liquidación definitiva del ICIO la deducción de la cuota pagada por la tasa de licencia de obras que entendemos debe compensar al Ayuntamiento de los costes efectivos conforme a su memoria económico-financiera (y no a tanto alzado) de gestión por la concesión de la licencia. Téngase presente que la deducción del coste de la tasa con ocasión de la liquidación definitiva del ICIO viene a ser un reconocimiento expreso del legislador estatal a la doble imposición que realiza el ente local sobre un mismo objeto tributario. Es cierto que el artículo 103.3 LRHL utiliza la forma verbal "podrá" lo que de una manera intencionada "podría" llevar a pensar que si la norma se emplea en esos términos es porque no concurre en dicha situación tal sobreimposición. Sin embargo, entendemos que la razón puede deberse a que el legislador es consciente de que creado el ICIO paulatinamente tendría que ir desapareciendo la tasa de tal forma que solo en aquellos municipios donde "pudieran" todavía convivir tasa e impuesto sería deseable que se dedujera el coste de la tasa liquidada.

En todo caso, entendemos que estas limitaciones en orden a que la tasa cubra el coste real de la prestación del servicio puedan salvarse con el simple hecho de que la Corporación Local optara por la derogación de la tasa compensando la pérdida de recaudación elevando el tipo de gravamen del ICIO hasta el límite del 4 por 100 que fija el art. 102. 3 LRHL.

Así las cosas, cabe concluir que nos encontraremos ante una praxis contraria a Derecho siempre que con ocasión de las distintas ordenanzas reguladoras de la tasa de licencia urbanística y del ICIO concurra la siguiente doble circunstancia:

- Primero. Que la forma de determinar la tasa de licencia urbanística lejos de cuantificarse en base a un parámetro que atienda al coste administrativo que genera el servicio de verificación de su legalidad, sin embargo se ajuste al presupuesto económico de la obra, con lo que coincidirá con el que suele emplearse para la determinación de la base imponible del ICIO; y

- Segundo. Que la cuota de ambos tributos supere el límite del 4 por 100 que proscribe el art. 102.3 LRHL, por lo que sobrepasando dicha cláusula de salvaguarda para evitar el exceso de presión fiscal, este "clon" de ICIO (disfrazado de "tasa") lisa y llanamente resultaría en nuestra opinión ilegal[8].

II. REGULACIÓN EXPRESA DE LA NO SUJECIÓN DE LA TASA DE LICENCIA URBANÍSTICA Y EL ICIO EN OBRAS "ILÍCITAS" FRENTE A LA SUJECIÓN DE LAS "ILEGALES"

1. Planteamiento

Durante las dos crisis económicas que hemos padecido en estos últimos quince años (la crisis financiera del *real estate* del año 2008, y la crisis sanitaria del año 2020) el sector de la construcción ha sufrido una dura corrección económica que ha dado lugar a que muchos de los proyectos de obra programados, finalmente no se ejecutaran bien por causas endógenas adversas (dificultades económicas por concursos de acreedores e insolvencias, o de otro tipo que han llevado al solicitante de la licencia urbanística

---

8 Vid. sobre el particular, el original de P. CHICO DE LA CÁMARA y R. FRAILE FERNÁNDEZ, "La tasa de licencia urbanística & el ICIO": matrimonio bien avenido o un buen ejemplo de pareja en crisis", en la obra colectiva dirigida por P.CHICO, *Aspectos de interés para una futura reforma de las Haciendas Locales,* Tirant lo Blanch, Valencia, 2019, págs. 341 y ss.

a tener que abandonar dicho proyecto); así como exógenas (por cuanto muchos planes urbanísticos han preferido no ver la luz por cuanto la situación económica de España no invitaba al optimismo respecto de la previsión de ventas en el sector inmobiliario).

Todas estas situaciones tanto de desistimiento y renuncia como de imposibilidad de ejecución (por cuanto se trate de construcciones que no cumplen con la legalidad tributaria así como urbanística) no son inocuas sino que despliegan una serie de efectos jurídico-tributarios que han dado lugar a numerosas controversias entre Administración y administrados sin que la jurisprudencia contradictoria dictada hasta la fecha haya podido disipar todos los interrogantes originados tanto respecto de la exigencia del ICIO como de la tasa de licencia urbanística.

2. Exigencia de la tasa de licencia urbanística

2.1. Devengo en supuestos de "renuncia" y "desistimiento"

El art. 26 LRHL establece que la tasa "podrá devengarse según la naturaleza de su hecho imponible y conforme determine la respectiva ordenanza fiscal:

a) Cuando (...) se inicie la prestación del servicio o la realización de la actividad, aunque en ambos casos podrá exigirse el depósito previo de su importe total o parcial.

b) Cuando se presente la solicitud que inicie la actuación o el expediente, que no se realizará o tramitará sin que se haya efectuado el pago correspondiente".

Así las cosas, el nacimiento de la obligación tributaria se origina con ocasión de la prestación del servicio de control o verificación de dicha solicitud de ejecución de obra. Ahora bien, dicho acto administrativo puede calificarse como un proceso dinámico o de duración temporal que no se perfecciona jurídicamente hasta que finalmente no se emite el acto administrativo de concesión o denegación. Nótese que durante ese *interin* puede que el administrado “desista” de la ejecución de la obra, pero también cabe que “renuncie” una vez que la Administración ha dictado ya el acto administrativo de concesión. Los efectos de esa comunicación por el que el administrado decae en su derecho bien de forma voluntaria, o bien, por caducidad de la licencia tiene gran relevancia en la esfera tributaria.

Superada ya la doctrina jurisprudencial equívoca del Tribunal Supremo de que la liquidación de la tasa quedaba condicionada a su concesión[9], hasta la actual posición de este Alto Tribunal de 5 de febrero de 2010, por el que la tasa se devenga con independencia de su resultado en favor o no del administrado[10], al perfeccionarse el acto administrativo con ocasión de la resolución de concesión o de denegación de la licencia[11], la problemática actual reside en si cabe exigir dicha exacción

---

9 Tradicionalmente el Tribunal Supremo entendía que desaparecía la razón del tributo, si había denegación (SSTS. 11 de febrero de 2005 -TOL619.692- y 20 de febrero de 1996 -TOL189.598-), por cuanto se trataba de una actividad de resultado (SSTS. 19- de enero de 2002 (TOL1.701.692); de 13 de enero y 24 de septiembre de 1996; 12 de junio y 3 de julio de 1997; y de 30 de marzo de 1999). Llama la atención que la STSJ. de Canarias de 14 de diciembre de 2013 (R. 92/2012) mantuviera en esa fecha dicha posición una vez que el Tribunal Supremo cambió de posición a la luz de la *leading case* de 5 de febrero de 2010 citada.

10 Así, el TSJ. de Valencia de 30 de abril de 2001 (R. 503/2001) denegó la solicitud de devolución de la tasa por cuanto el Ayuntamiento de Campello pudo fácilmente acreditar que con la denegación de la licencia se había realizado el presupuesto de hecho que daba lugar al devengo de la tasa.

11 En efecto, la STS. de 5 de febrero de 2010 (TOL1.792.860) no deja margen de duda de que en los casos de “renuncia” de la licencia concedida, ha de tenerse en cuenta que se ha desarrollado la actividad municipal, tanto técnica como administrativa, tendente al otorgamiento de la licencia y que sobre la base de que se dan los presupuestos del hecho imponible de la tasa, se ha exigido y efectuado el pago de la tasa. Nada obliga pues a la Administración municipal, -concluye el Alto Tribunal- a tener que reintegrar, total o parcialmente, la cuota satisfecha en su totalidad”.

sinalagmática en los supuestos de "desistimiento" del administrado.

Es evidente que la actividad administrativa de control es un trámite interno que no transciende *prima facie* al solicitante pero sobre el que éste tiene derecho a informarse en cualquier momento respecto de la tramitación del expediente, máxime en aquellos casos en los que la Administración pretenda exigir el importe total de la cuota devengada[12]. Por ello, valoramos positivamente desde el plano de la justicia tributaria que algunos Ayuntamientos hayan establecido una reducción sobre la cuota a pagar cuando el administrado "desista" de continuar con el procedimiento por cuanto es probable que en el momento procesal de comunicación del "desistimiento" todavía la Administración en el mejor de los escenarios no ha emitido el informe de concesión o de denegación de licencia.

Pese a ello, el Ayuntamiento de Madrid con buen criterio en el art. 19.2 de la Ordenanza fiscal reguladora de la licencia urbanística establece una reducción de un 25 por 100 el importe de la cuota de la tasa en casos de "denegación" de la licencia.

12 A la luz de la doctrina vigente del Tribunal Supremo no genera duda de que en los casos de "renuncia voluntaria" por parte del administrado una vez que la Administración ha dictado la resolución es totalmente exigible la tasa. Resulta de interés la STS. de 18 de febrero de 1998 (TOL1.699.318) por la que el Alto Tribunal consideró que no se devengó la tasa en la concesión de una licencia adquirida por silencio positivo al no haberse acreditado la actividad administrativa de prestación del servicio. Sin embargo, más recientemente la R. del Tribunal Económico-administrativo de Navarra de 28 de mayo de 2016 sí ha considerado exigible el pago de la tasa en un mismo caso de concesión de licencia urbanística por silencio positivo. En nuestra opinión, el administrado tendría en todo caso derecho a solicitar la acreditación de la actividad administrativa realizada por parte de la Concejalía de Urbanismo para justificar el pago íntegro de la tasa devengada.

2.2. Obras "ilegales" e "ilícitas"

A efectos del análisis de esta cuestión distinguiremos los supuestos de obras "ilegales" frente a las que podríamos denominar obras "ilícitas". Las primeras (ilegales), se caracterizan porque se acometen de forma furtiva, es decir, sin conocimiento de la Administración, si bien debe reconocerse que si se hubiese solicitado la preceptiva licencia de obras se habría lógicamente validado mediante su autorización administrativa al cumplir perfectamente con la legalidad urbanística vigente. Por su parte, las obras "ilícitas" se caracterizan no solo por realizarse extramuros del conocimiento de la Administración, sino también por no respetar la legalidad administrativa por lo que frente al caso anterior, si se hubiera solicitado la respectiva licencia, nunca la Administración actuante la hubiera concedido[13].

En nuestra opinión, solo en las obras "ilegales" cabrá la exigencia de la tasa de "licencia urbanística", pues en las "ilícitas" al permanecer totalmente al margen del planeamiento urbanístico quedaría proscrita su exigencia al tratarse de un

---

13 En efecto, haciéndonos eco de la clara distinción de CALVO SALES, aquellas que venimos denominando nosotros como "ilegales", se caracterizan porque serán legalizables o autorizadas si se solicita la preceptiva licencia, frente a las que tienen origen en una actividad "ilícita", que en consecuencia no serán en ningún caso legalizables por cuanto dichas construcciones no tienen amparo en la legalidad (administrativa o penal) al infringir palmariamente el planeamiento urbanístico; Cfr. T. CALVO SALES, *El Impuesto sobre Construcciones, Instalaciones y obras. La mayoría de edad del ICIO,* El Consultor de los Ayuntamientos y de los Juzgados, Madrid, 2007, pág. 125.

acto nulo de pleno Derecho de acuerdo a los artículos 1.255[14], 1.271[15] y 1.275[16] del Código Civil.

2.3. Exigencia del ICIO

A) Devengo en supuestos de "renuncia" y "desistimiento"

Como reconocen los arts. 100.1 y 102.4 LRHL, el ICIO se devenga con ocasión del inicio de cualquier construcción, instalación u obra que exija la obtención de la correspondiente licencia de obras, *y con independencia de su otorgamiento* (la cursiva es nuestra), o para la que se exija presentación de declaración responsable o comunicación previa, siempre que la expedición de la licencia o la actividad de control corresponda al ayuntamiento de la imposición.

De una lectura conjunta de ambos preceptos podría deducirse que el impuesto se exigirá aún cuando la obra no disfrute de la correspondiente licencia o declaración responsable. Este hecho se justifica por cuanto el presupuesto de hecho generador de la obligación tributaria se realiza con ocasión de la realización de la construcción, instalación u obra, y con independencia de que el administrado disponga o no de un "título" para proceder a su ejecución. Así, sería suficiente de acuerdo al principio de la *"actio nata"* de que se requiera de dicha formalidad para que se devengue la obligación del pago del impuesto.

---

14 Dicho precepto reza de la siguiente forma: "Los contratantes pueden establecer los pactos, cláusulas y condiciones que tengan por conveniente, siempre que no sean contrarios a las leyes, a la moral ni al orden público".

15 Por su parte, el art. 1271 Código civil establece que "pueden ser igualmente objeto de contrato todos los servicios que no sean contrarios a las leyes o a las buenas costumbres".

16 El art. 1.275 dispone que "Los contratos sin causa, o con causa ilícita, no producen efecto alguno".

Pues bien, tal como venimos defendiendo tanto en los supuestos de "desistimiento" como en los de "renuncia" habrá que analizar caso por caso si se ha iniciado o no la obra, y en caso afirmativo, habrá que cuantificar cuál es el estado de la construcción para liquidar en función de su estado. En caso de que no se haya procedido todavía a su inicio, de conformidad con el art. 102.4 LRHL dicho impuesto no se habría devengado[17].

Ahora bien, de acuerdo con la mecánica liquidatoria del tributo, el art. 103.1 prevé que la Administración proceda a realizar lo que denomina de forma infeliz una "liquidación provisional" con ocasión de la concesión de la licencia preceptiva o se presente la declaración responsable o la comunicación previa[18]. En puridad, nos encontraremos ante una obligación de realizar un "pago a cuenta" que es anterior al devengo del

---

17 A esta conclusión también han llegado las Rs. Tribunal administrativo de Navarra de 3 de junio y 25 de agosto de 2016 (R. 1675/14 y 1958/15).

18 La propia STS. de 13 de diciembre de 2018 (TOL6.976.918) se hace eco también de la importancia de la "liquidación provisional" en la mecánica del impuesto, constituyendo un elemento que resulta recurrible por parte del administrado, llegando incluso a afirmar de forma controvertida que goza de "*sustantividad propia* que le dota de singularidad única, de modo que constituyendo un trámite dentro del procedimiento general tiene naturaleza de gravamen susceptible de impugnación independiente. Así las cosas, debido a las denominaciones respectivas de las liquidaciones y al hecho de que la primera se practique a cuenta de la segunda, según ordena la ley, nos puede llevar a la errónea conclusión de que la liquidación provisional fuera un mero acto de mero trámite de gestión, con efecto de recaudación anticipada de lo que definitivamente se cuantifique en el acto definitivo". Sin embargo, concluye, "no es así. La liquidación provisional, pese a su equivocada denominación – es un acto de voluntad administrativa que, de suyo, incorpora un acto de gravamen perjudicial como es para los derechos e intereses de su destinatario -y por ende, susceptible de impugnación administrativa y jurisdiccional (pueden verse, a tal efecto, los artículos 102 y ss. De la LGT, en relación con los concordantes de nuestra LJCA)".

impuesto. En consecuencia, en aquellos supuestos en los que el administrado pueda acreditar que no ha realizado la obra, o bien, iniciada no ha sido concluida, en nuestra opinión, la Administración estará obligada a proceder a una devolución de ingresos indebidos, para restablecer la situación de enriquecimiento injusto generada en favor de la Administración. Nótese que de conformidad con los principios de capacidad económica y de proporcionalidad, la carga tributaria deberá modularse en función de la verdadera situación jurídica acaecida, y no de una estimación inicial anterior incluso al de su devengo al albur de una cuestionable mecánica liquidatoria del tributo. Siguiendo el informe de la Comisión de Expertos para la reforma de la financiación local que también critica el diseño de técnica legislativa recogido en el actual art. 103.1 LRHL sugiriendo la sustitución del término "liquidación provisional"[19], por el más apropiado de "ingreso a cuenta" que quedará en todo caso condicionado a la realización efectiva del hecho imponible. Así que en caso de no realizar finalmente las obras proyectadas, y

---

19 Así las cosas, sostiene el informe que "esta previsión legal, combinada con la desafortunada regulación del ICIO, que prevé la existencia de dos tipos de liquidaciones: una provisional en el momento del inicio de las obras o de la obtención de la licencia -se admite la posibilidad de dictar una liquidación provisional antes del devengo del impuesto (cuando se conceda la licencia preceptiva sin haber iniciado las obras)- y otra definitiva, en el momento de la finalización de las obras ex art. 103.1 LRHL ha desembocado, como se ha puesto de manifiesto, en una excesiva complicación en la gestión del impuesto por parte de los Ayuntamientos. Y el hecho de dictar una liquidación provisional cuando se conceda la licencia sin haber iniciado las obras y, por tanto, sin haberse devengado el impuesto, no resulta ortodoxo con la naturaleza jurídica de la liquidación tributaria, que reclama la previa existencia de la obligación que se debe liquidar, de modo que actualmente, más que tratarse de una liquidación provisional, estaríamos ante la liquidación de un anticipo del impuesto", implícitamente contemplada en la ley y distinta de la obligación tributaria principal, aunque funcione ligada a ella"; vid. Informe de la Comisión de Expertos para la revisión del modelo de financiación local, julio 2017, pág. 54.

por tanto, no realizar el hecho imponible, debería dar lugar a la devolución de lo pagado por dicha autoliquidación inicial[20], que como venimos afirmando no resulta vinculante jurídicamente por cuanto no deja de ser más que un anticipo del pago del impuesto aún no devengado.

Esta es la posición también del Tribunal Supremo (STS. de 25 de febrero de 2021 -TOL8.352.359-), al afirmar que "el legislador ha ideado una liquidación provisional a cuenta de la liquidación definitiva, con la cual se anticipa la percepción, sujeta a regularización, de la cantidad que corresponda ingresar en concepto de ICIO.

Ciertamente, la finalidad de esta anticipación del tributo, al igual que otros supuestos de similar naturaleza (exigencia por anticipado de contribuciones especiales, retenciones y pagos fraccionados en los impuestos personales sobre la renta...) es recaudatoria: facilitar que las arcas públicas dispongan de fondos para hacer frente a los objetivos que debe cumplir, aunque no se haya "completado" aún toda la estructura del tributo de que se trate, en este caso, el ICIO[21].

(...) En relación con el ICIO, se produce un apoderamiento expreso en favor de los ayuntamientos para que giren tal liquidación provisional. La distinción habitual entre liquidación provisional y liquidación definitiva no es trasladable sin más, al ICIO. En este tributo, dichas liquidaciones derivan de dos obligaciones distintas, aunque conectadas entre sí, no en vano una es a cuenta

---

20 Vid. *ibidem*, pág. 53.

21 En esta misma línea se ha manifestado la STS. de 11 de febrero de 2005 (RC 3518/1999) al afirmar que "lo decisivo es, pues, no la solicitud de la licencia ni siquiera el otorgamiento, sino la realización de la obra, o más concretamente, su iniciación. Otra cosa es que, por razones de oportunidad y puesto que los Ayuntamientos conocen, o pueden conocer, con ocasión del expediente de concesión de la licencia, las características de las construcciones u obras y sus presupuestos, la ley permita (art. 104.1) una anticipación del ingreso mediante la práctica de la liquidación provisional "cuando se conceda la licencia preceptiva".

de la otra. Generalmente, sin embargo, la liquidación y la definitiva derivan de la misma obligación, cosa que, como decimos, no sucede en el ICIO".

Así las cosas, reconocido en términos jurídicos la devolución tributaria por el pago del ICIO (ó incluso de la tasa de licencia urbanística) en los casos señalados anteriormente, debe tramitarse por la Administración con el pago además de intereses de demora, lo que genera la problemática de determinar a partir de qué fecha comienza a correr el plazo (*dies a quo*) y hasta qué momento se computa su pago (*dies ad quem*).

Así, entendemos que la Administración ha de pagar los intereses *de demora* de acuerdo al art. 31 LGT, por cuanto se trata de una devolución derivada de la normativa del tributo correspondiente a una cantidad soportada *debidamente* como consecuencia de la mecánica liquidatoria reguladora del tributo *ex* art. 103.1 LRHL que exige como venimos defendiendo un pago a cuenta (la mal llamada liquidación "provisional") de la obligación principal (denominada *ope legis*, liquidación "definitiva").

Además, de acuerdo al art. 31.2 LGT, el interés de demora se devengará desde la finalización del plazo determinado en la normativa del tributo (*dies a quo*) hasta la fecha en que se ordene el pago de la devolución (*dies ad quem*). Nótese que hasta la fecha la gran conflictividad entre Administración y administrados reside respecto del momento en qué empieza a correr el plazo de los intereses (*dies a quo*). La cuestión no es baladí, no solo respecto del cómputo más amplio, ó más angosto de generación de los intereses de demora, sino también, por cuanto dicho plazo marca el plazo de iniciación a efectos del cómputo de la prescripción tanto de la obligación de devolución del "pago a cuenta" (mal llamada "liquidación provisional" satisfecha en su momento) como de la obligación anudada a la anterior del pago de intereses de demora, y que deriva de la anterior. Nótese que esta prestación económica de exacción de los intereses de demora constituye una obligación accesoria (ex art. 58.2.a) LGT) al guardar una relación directa con la obligación a cuenta (art. 103.1 LRHL), sin cuya existencia no sería posible su nacimiento.

Precisamente sobre esta cuestión se ha dictado la STS. de 28 de abril de 2021 (TOL8.421.741) cuyo ponente fue D. José Antonio Montero Fernández. La STSJ. de Canarias de 27 de marzo de 2019 (nº 240/2019) estimó las pretensiones de la entidad "Promociones Llanos de Maspalomas SAU" considerando que el plazo para el pago de interesa correr desde el momento en que la entidad tras realizar la liquidación provisional ingresó dicho importe que devino en "indebido" con posterioridad al renunciar a la licencia.

No estando de acuerdo con el fallo, el Ayuntamiento canario de San Bartolomé de Tirajana recurrió en casación dicha sentencia alegando que el plazo para el pago de dichos intereses debería empezar a correr sin embargo desde el momento en que solicita la devolución del impuesto.

Con buen criterio, en la línea defendida por el Comité de Expertos en el informe para la revisión del modelo de financiación local (2017), el Alto Tribunal nos recuerda los efectos tributarios que se derivan del diseño normativo que preceptúa el legislador con ocasión de la mal llamada liquidación "provisional". Así, "la suma ingresada no lo fue indebidamente, en cuanto no obedeció a liquidación provisional alguna (pese a la manifiesta impropiedad técnica de la expresión utilizada por el legislador), sino a la singular mecánica del ICIO, que faculta a los Ayuntamientos para, a través de las correspondientes Ordenanzas, exigir, al momento de solicitar la licencia de obras, el pago de una suma cuya naturaleza fiscal, si no es discutible, debería serlo, en cuanto es un ingreso que se produce, no sólo sin que haya nacido obligación tributaria alguna, sino, además (en cuanto dicho nacimiento depende del cumplimiento de una condición futura e incierta) dicho pago se lleva a cabo, incluso, sin saber si esa obligación tributaria surgirá algún día, por lo que a ese desembolso -que nuestra jurisprudencia dominante, como se verá, la desvincula del concepto legal de liquidación provisional por encontrar una similitud muy superior a la indicada entre la figura que estudiamos con los pagos a cuenta- bien podría atribuírsele, siempre que no llegue a nacer la obligación tributaria, como un verdadero préstamo del interesado a la entidad local. En resumidas cuentas, la restitución de la cantidad ingresada no es sino la consecuencia lógica resultante de no haberse producido la condición de que dependía el nacimiento de la obligación tributaria".

Ahora bien, la STS. comentada de 28 de abril de 2021, apoyándose en una doctrina anterior del mismo Alto Tribunal (SSTS. 4 de noviembre de 2020 -TOL8.197.421- y de 15 de febrero de 2021 -TOL8.344.419-) distingue con buen criterio dos situaciones distintas:

- Por un lado, si el "pago a cuenta" derivado de la mal llamada "liquidación provisional" resulta ser "indebido" por realizarse la obra extramuros del planeamiento urbanístico, el cómputo de los intereses de demora se retrotraerá al momento inicial en el que se efectuó el ingreso a cuenta[22].

---

22 Sobre la calificación propiamente de "ingreso a cuenta" del pago realizado en la liquidación provisional, puede consultarse M. ALONSO GIL, "La comprobación de la liquidación definitiva del ICIO", *Revista Tributos Locales,* nº 148, 2020, pág. 25. C. GARCÍA NOVOA, "La liquidación provisional en el ICIO", en Tributos Locales, núm. 118, 2015, págs. 17-18 y 25-26. MERINO JARA, I., "El Impuesto sobre Construcciones, Instalaciones y Obras", en *Quincena Fiscal,* núm. 4, 1992; ORÓN MORATAL, G., "El ingreso anticipado en las ordenanzas fiscales del ICIO: entre la reserva de ley y la autonomía municipal", en Jurisprudencia Tributaria, I, 1993; MARÍN-BARNUEVO FABO, *Teoría y práctica en el Impuesto sobre Construcciones, Instalaciones y Obras,* Colex, Madrid, 2001, págs. 141-142; y del mismo autor, "La limitación de las potestades de liquidación de la Administración: la naturaleza definitiva de la liquidación del ICIO", en Tributos Locales, núm. 122, 2015, pág. 12; V. SÁNCHEZ BLÁZQUEZ, "Las devoluciones en el ICIO por la declaración judicial de nulidad de la licencia: naturaleza y régimen jurídico", nº 152, 2021, pág. 61. SIMÓN ACOSTA, E., "El Impuesto sobre Construcciones, Instalaciones y Obras", en Revista de Hacienda Autonómica y Local, núm. 57, 1989, pág. 365.

- Por el contrario, cuando no se realice la obra, bien por "desistimiento" (a la que añadimos nosotros también en casos de "renuncia") constando expresamente la voluntad del solicitante de desistir de la ejecución de la obra, ó bien porque se acuerde formalmente por el Ayuntamiento la declaración de caducidad de la licencia; en estos casos, el plazo a partir del cual ("*dies a quo*") comenzará a contar para solicitar la devolución y de generación de los intereses de demora será desde el momento en que el administrado solicite la devolución de lo ingresado (a través del "pago a cuenta"). Precisamente, el supuesto de inejecución de la obra que dio lugar al fallo del Tribunal Supremo, tenía origen en el desistimiento formal del contribuyente, que es lo que permite en consecuencia calificar el ingreso como "improcedente", y considerar que desde ese acto administrativo de "desistimiento" nace el derecho del administrado de solicitar la devolución de lo ingresado junto con los intereses de demora. Entendemos que si desde el ingreso inicial hasta el momento en que se comunica el desistimiento (o bien, la Administración declara de oficio la caducidad de la licencia) no han transcurrido cuatro años, dicha acción de devolución no habrá prescrito en los términos que prevén los arts. 67.1 y 66.c) LGT.

Por último, otras situaciones que han generado gran conflictividad residen en dilucidar cuando comienza el plazo para la solicitud de devolución de ingresos que fueron debidos en su momento, pero que con el paso del tiempo han devenido en "improcedentes" por cuanto el administrado ha desistido (antes de la concesión de la licencia) o renunciado (ya concedida la licencia) a ejecutar la obra.

Pues bien, de acuerdo al art. 67.1 LGT cabrá entender que en aquellos supuestos en los que el administrado "desista" o "renuncie" a su ejecución, el plazo comenzará desde el día siguiente a aquél en que dicha devolución pudo solicitarse.

Ante la disparidad de criterios jurisprudenciales[23], con buen criterio el Tribunal Supremo en la Sentencia de 4 de noviembre de 2020 (TOL8.197.421), sostiene que el *dies a quo* será aquel en el que tenga constancia expresa de la voluntad del solicitante de renunciar a la ejecución de la obra, o cuando el Ayuntamiento haya acordado formalmente la declaración de caducidad de la licencia[24].

En nuestra opinión, habría que matizar este fallo jurisprudencial afirmando que prevalecerá el acto formal de comunicación del administrado renunciando a su ejecución frente al acto administrativo de declaración de caducidad de la solicitud. Ahora bien, en caso de que el administrado no comunique dicha renuncia, y así mismo, tampoco la Administración le notifique

---

23 La STSJ de Extremadura de 16 de junio de 2009 (TOL6.896.320) entendió que el plazo para la solicitud de devolución de ingresos indebidos ya había prescrito por cuanto se entendió que debía tomarse como fecha la del día en que realizó el "ingreso a cuenta" (es decir, la liquidación provisional). Sin embargo, la mayoría de los TSJ. han entendido que el *dies a quo* se produce desde el momento en que dicho pago a cuenta se convierte en "improcedente" (algunas sentencias de forma confusa utilizan la expresión de "indebido"). Vid. entre otras, las SSTSJ. Del País Vasco de 21 de septiembre de 2012 (TOL3.534.043); de Valencia de 19 de diciembre de 1995 , de 30 de abril de 2001 , de 14 de abril de 2009 (TOL1.307.373) y de 4 de mayo de 2016 (TOL5.779.776); de Canarias de 13 de septiembre de 2016 (TOL5.906.518) y de 28 de marzo de 2017 (TOL6.330.516); de Murcia de 16 de julio de 2012 (TOL2.653.362); de Andalucía de 19 de diciembre de 2011, de 11 de febrero de 2013 (TOL3.800.722), y 6 de abril de 2015 (TOL4.999.353); de Asturias de 27 de mayo de 2013 (TOL3.790.792); y de Castilla La Mancha de 27 de febrero de 2002, han considerado que debe tomarse como fecha no la de la "liquidación provisional", sino la de la fecha de la renuncia voluntaria, o en su caso, la de notificación de la resolución municipal de caducidad de la licencia, con lo que en estos casos no habrá prescrito la acción para solicitar la devolución de ingreso improcedente.

24 La STS. de 17 de febrero de 2021 (TOL8.351.106) ha declarado controvertidamente la prescripción de la acción de devolución del ingreso improcedente por entender que el *"dies a quo"* se produce con ocasión de la declaración de caducidad de la licencia, frente a la posición de la entidad constructora que entendía sin embargo que debía diferirse al momento de la fecha de la sentencia que anulaba la prórroga de la licencia.

mediante un acto formal la caducidad de la licencia, habrá que entender que no habrá prescrito la acción de devolución, pues la Administración está obligada a declarar expresamente la caducidad. En efecto, siguiendo la jurisprudencia del Tribunal Supremo (SSTS. de 24 de julio de 1995, de 16 de abril de 1997, y de 16 de noviembre de 2005 (TOL809.409), la caducidad de las licencias requiere de una expresa decisión, caracterizándose por un triple requisito: ausencia de automaticidad requiriéndose declaración expresa; ponderación valoración de las concretas circunstancias concurrentes; e interpretación restrictiva. En consecuencia, "en tanto dicha declaración formal de caducidad no exista, el solicitante de la licencia de obras sigue teniendo la titularidad del derecho a edificar, y la existencia de tal derecho hace posible que pueda realizarse el hecho imponible del impuesto, por lo que no empieza a computar el plazo prescriptivo".

B) Obras "Ilegales" e "Ilícitas"

1. Planteamiento

Por coherencia con el análisis que hemos realizado *supra* en relación con la tasa de licencia urbanística[25], entendemos que en las obras "ilegales" sí resultará exigible el ICIO por cuanto como venimos afirmando se devenga dicha obligación con ocasión del inicio de la obra y con independencia de que se haya o no solicitado la licencia *ex* art. 100.1 LRHL, así que, si la Administración descubre la existencia de dicha obra furtiva, habrá de regularizarse dicha situación, exigiendo el pago del impuesto con sanciones, recargos e intereses.

---

25 Vid. el epígrafe II.B) de este capítulo.

Sin embargo, mayor problemática genera las situaciones de construcciones de obras "ilícitas" por cuanto quedan extramuros del planeamiento urbanístico, lo que conllevará a su demolición[26]. Difícilmente puede ser compatible con la *causa* del tributo (capacidad económica) aquella situación por la que se exige un gravamen (generando su colisión jurídica con la sanción anudada[27]) por una situación jurídica que el ordenamiento jurídico no

---

26 A esta conclusión ha llegado también el profesor HERRERA MOLINA al afirmar que frente a los supuestos de obras ilegales o sin licencia que están sujetas, si la obra es incompatible con el ordenamiento, es obvio que no está sometida a la obtención de licencia, sino radicalmente prohibida, por lo que la obra quedará por definición fuera del hecho imponible en los términos que establece el art. 100 LRHL. "A ello no se opone el art. 13 LGT pues tal precepto se limita a formular un principio general que no resulta aplicable cuando una norma concreta exige la legalidad del elemento material tipificado por el hecho imponible"; cfr. P.M. HERRRERA MOLINA, *Fiscalidad de los actos ilícitos (la antijuricidad en los supuestos de hecho de la obligación tributaria),* IEF, Madrid, 2003, pág. 162. Para el profesor CALVO ORTEGA, "hay que entender que declarada la invalidez del negocio y resueltos sus efectos económicos procederá la devolución del impuesto. Otro planteamiento sería contrario al ciado principio de capacidad económica, y en definitiva, significaría la utilización del tributo con fines sancionatorios, lo que no es admisible; cfr. R. CALVO ORTEGA y J. CALVO VERGEZ, *Curso de Derecho Financiero,* Aranzadi, *2020 pág. 157.* Incluso, algún autor como HERNÁNDEZ LAVADO califica esta situación de gravamen como inconstitucional, por considerar dicha exacción ilógica y contraria a la equidad, por cuanto la persona que tiene que demoler una obra previamente ejecutada sufre un perjuicio en su patrimonio, por lo que considerar que dicho perjuicio patrimonial es manifestación de capacidad contributiva podría incluso considerarse inconstitucional"; cfr. A. HERNÁNDEZ LAVADO, "Notas en torno a la regulación del Impuesto sobre Construcciones, Instalaciones y obras", *Impuestos,* nº 23, 1989, pág. 964.

27 La STSJ. de Valencia de 4 de mayo de 1998 afirmó que el ICIO no puede aplicarse a una obra que por el ente impositor del impuesto, ha sido calificada de no legalizable. Así las cosas, la exigencia del impuesto y la sanción por la ilegalidad de la obra, son dos antitéti-

sólo la prohíbe, sino que actuando con coherencia cercena además los efectos económicos derivados de la comisión del ilícito tal como sucede con las medidas de reparación del delito como son la restitución, reparación del daño causado, el decomiso y la indemnización por daños y perjuicios (arts. 109 y 127 Código Penal[28]). Por ello, no cabe más que calificar como de artificiosa la exigencia de un impuesto en base a una situación que resulta a todas luces contraria a Derecho[29]. La STSJ. de Valencia de 3 de

---

cas y contradictorias. La Administración municipal lo que debió es exigir la demolición de lo ilegalmente construido, no susceptible de legalización, no girar el ICIO, pues la obra, nunca podría obtener la licencia municipal dad su ilegalidad.

28 En efecto, el art. 109 CP establece que "la ejecución de un hecho descrito por la ley como delito obliga a reparar, en los términos previstos en las leyes, los daños y perjuicios por él causados". Así mismo, el art. 127 CP prescribe que "toda pena que se imponga por un delito doloso llevará consigo la pérdida de los efectos que de él provengan y de los bienes, medios o instrumentos con que se haya preparado o ejecutado, así como de las ganancias provenientes del delito, cualesquiera que sean las transformaciones que hubieren podido experimentar". Así, ya señalábamos en otro contexto, el no sometimiento a IRPF de los efectos económicos de un ilícito cuando hubieran actuado las medidas reparadoras del delito al desaparecer la situación expresiva de capacidad económica con la restitución o el decomiso del *praetium sceleris*; cfr. P.CHICO DE LA CÁMARA, *Las ganancias no justificadas de patrimonio en el IRPF,* Marcial Pons, Madrid, 1999, pág. 266.

29 A esta misma conclusión llegó hace años el profesor SIMÓN ACOSTA al afirmar que "el ordenamiento no consiente los efectos de una obra clandestina no merecedora de licencia. De ahí que no deba gravarse nunca la realización de esas obras. Todo lo más, podría gravarse la realización de una obra clandestina para la que ya no sea necesario el otorgamiento de licencia por haber transcurrido el plazo previsto para consolidar el derecho del propietario. Salvo en el caso que acabamos de citar, el gravamen de las obras ilegales produce el curioso resultado, posiblemente contrario a los principios constitucionales tributarios, de que a una persona a la que se le obliga a destruir lo edificado se le somete a impuesto por edificar y, además por la demolición"; cfr. E. SIMÓN ACOSTA, *Revista de Hacienda Auto-*

nómica y Local, nº 57, 1989, pág. 365. En términos parecidos se manifiesta FERNÁNDEZ JUNQUERA al pronunciarse a favor únicamente del gravamen por este impuesto de aquellas obras, instalaciones o construcciones que sean lícitas. En consecuencia, "si el impuesto existe porque hay una capacidad económica que gravar y la Ley del suelo impone la reparación de los efectos materiales y económicos producidos, quiere ello decir que la capacidad económica aflorada no era tal y desparece por imposición de Ley, luego no puede resultar gravada por un impuesto. De haberlo sido habría que acudir a la devolución del tributo por haberse anulado los presupuestos que inicialmente lo hicieron surgir"; M. FERNÁNDEZ JUNQUERA, "Impuesto sobre Construcciones, Instalaciones y obras", en la obra colectiva dirigida por R. CALVO ORTEGA, *La reforma de las Haciendas Locales, Lex Nova, Valladolid, 1991, pág. 44.* Y es de esta misma opinión, PAGÉS I GALTÉS, al considerar que "si la manifestación de riqueza puesta de manifiesto con el acto de construcción desaparece porque dicho acto de construcción debe anularse por ilegal, resultará que ya no habrá nada que gravar por el ICIO", cfr. J. PAGÉS I GALTÉS, "La prescripción del derecho de la Administración a liquidar el impuesto sobre Construcciones", Revista de Hacienda Local, nº 74, 1995, pág. 288. También se alinea con esta posición MARÍN-BARNUEVO FABO aunque con otra fundamentación. Así también se posiciona en contra del gravamen de obras "ilícitas" si bien ancla su posición no sobre la inexistencia de capacidad económica como defiende la posición doctrina anterior, sino desde el principio de proporcionalidad; cfr. D. MARÍN-BARNUEVO FABO, *El ICIO. Teoría y práctica en el Impuesto sobre construcciones, instalaciones y obras,* Colex, Madrid, 2001, pág. 89.

Por el contrario, CALVO SALES se muestra partidaria de someter a gravamen tanto las obras "ilegales" como las controvertidas "ilícitas" rebatiendo las posiciones que ha defendido la doctrina científica para apoyar su rechazo a su sometimiento a gravamen. Así, en relación con el argumento de que los poderes públicos no deben obtener beneficios de las actividades ilícitas (fundamento principalmente por SIMÓN ACOSTA) afirma que se trata de un argumento *moral,* y no estrictamente jurídico, y que puede replicarse colocándose en la posición contraria: "pues más inmoral -de hecho, sencillamente escandaloso- resultaría declarar la "no sujeción" o "exención" en su caso, de obras ilegales. Premiar con beneficios fiscales a los infractores urbanísticos resulta una política tributaria, si se nos permite la

abril de 1998 (TOL224.221) apelaba precisamente al argumento de la incoherencia de girar un tributo sobre una obra que la legislación urbanística exige que sea demolida por lo que no debería gravarse aquello que no debe existir.

Ahora bien, en aquellos supuestos en los que haya prescrito la acción de la Administración para exigir el cumplimiento de la legislación urbanística y se hayan agotado los instrumentos jurídicos para compelir a la demolición de la obra "ilícita", entendemos que no debe existir obstáculo para que el Ayuntamiento exija el correspondiente impuesto por cuanto el hecho

---

ironía, sencillamente revolucionaria". Respecto a la argumentación también empleada de que se solaparía dicho gravamen con la imposición de la sanción, también argumenta que "las sanciones son una manifestación de la potestad de intervención de los poderes públicos en la actividad de los ciudadanos y un impuesto, como el ICIO, de la capacidad tributaria de las corporaciones locales. De igual manera, sus presupuestos son diferentes: el de la sanción es la comisión de un ilícito y el del impuesto, la existencia de una capacidad económica, la cual, además, está sometida al principio de igualdad". Además, sostiene que la incoación de un procedimiento sancionador por la realización de obras o construcciones sin licencia es una posibilidad que se establece en las legislaciones urbanísticas, no una consecuencia obligada ni preceptiva. Por último, respecto del argumento que el restablecimiento de la legalidad urbanística supone la demolición de lo realizado y la desaparición de la capacidad económica gravada, a juicio de esta autora tampoco es un argumento consistente por cuanto la tesis de la que se parte de que las obras "ilícitas" son demolidas, peca a su juicio de cierta "ingenuidad" pues la mayor parte de las actuaciones consistentes en realizar construcciones contrarias al planeamiento urbanístico prescriben, y lo construido se consolida sin ser jamás demolido; T. CALVO SALES, *Ibidem*, págs. 125 y ss. Dicha posición doctrinal de la autora se alinea con algún pronunciamiento de un Tribunal Superior de Justicia. Así, la STSJ. Castilla-La Mancha de 12 de junio de 2006 (TOL986.336) y de 10 de noviembre de 2008 (TOL986.336) avaló su sujeción al ICIO, sin que ello significase que habría que convalidar esta situación irregular, puesto que bajo ningún concepto se atribuye eficacia legitimadora.

imponible se habrá realizado en los términos que establece el art. 100.1 LRHL

2. Determinación del dies a quo para solicitar la devolución del ingreso improcedente derivado de decisiones judiciales sobre la legalidad administrativa de una construcción

El art. 67.1. *in fine* LGT aclara el momento a partir del cual nace el derecho a solicitar la devolución de ingresos en aquellos supuestos en los que se trata de una cuestión litigiosa, señalando que el plazo comenzará a partir del día siguiente a aquél en que adquiera firmeza la sentencia o resolución administrativa que declare total o parcialmente improcedente el acto impugnado.

Así las cosas, si el administrado ha presentado el "pago a cuenta" (en los términos que establece el art. 103.1 LHRL, la "liquidación provisional"), si bien, la Administración deniega la concesión de la licencia por entender que dicha construcción resulta ilegal por no ajustarse al planeamiento urbanístico, el plazo de devolución de lo pagado inicialmente (que se convierte en "indebido" de conformidad con el fallo de la resolución administrativa o sentencia judicial firme) empezará a correr conjuntamente con los intereses no desde el momento en que se declare dicha construcción como "ilícita" por no ajustarse a la legalidad urbanística, sino desde que se realizó dicho ingreso indebido (es decir, con ocasión de lo que denomina infelizmente la LRHL "liquidación provisional").

A esta misma conclusión ha llegado el Tribunal Supremo (STS. de 15 de febrero de 2021 -TOL8.344.419-) al afirmar que no puede compartir la posición del Ayuntamiento canario de Yaiza cuando afirma que el ingreso no ha resultado indebido de forma sobrevenida por la dinámica del impuesto, "sino porque la licencia que amparaba el tributo resultó ser nula de pleno Derecho por contraria al ordenamiento urbanístico. Tan es así, que esta circunstancia estaba presente desde muy poco después del momento en que se abonó el último plazo, pues el contribuyente no pudo iniciar la obra por decisión judicial (por el auto de suspensión del órgano competente)".

Incluso, el Alto Tribunal apela de forma subliminal a la contradicción de la actuación del Ayuntamiento recurrente en relación con el principio general de buena administración del que ya se ha hecho eco en alguna ocasión anteriormente el propio Tribunal Supremo[30] al recordar el argumento del Ayuntamiento, "según el cual el interesado podía haber pedido la devolución del ICIO cuando constató la existencia de los recursos frente a la licencia, puede, perfectamente, volverse por pasiva. ¿Por qué no lo hizo la Corporación -devolver de oficio lo ingresado por tal concepto- hasta la resolución del pleito cuando tuvo conocimiento, a tenor del auto de medidas cautelares, que las obras no podían llevarse a efecto? ¿No hubiera sido un comportamiento como ese -la devolución de oficio- el exigible a una Administración que sirve con objetividad los intereses generales y el que mejor se atempera al principio de buena administración que debe regir las relaciones de los poderes públicos con los ciudadanos a los que sirven? ¿Si

---

30 Recordamos por su interés la STS. De 15 de octubre de 2020 por la que el Alto Tribunal reconoce el principio de buena Administración, estableciendo un derecho del administrativo a recibir respuesta motivada respecto de las solicitudes que hayan formulado a la Administración y a que las consecuencias que se anuden a las actuaciones administrativas -especialmente cuando las mismas agraven la situación de los interesados o les imponga cargas, incluso si tienen la obligación de soportarlas- sean debidamente explicadas no solo por razones de pura cortesía, sino para que el sujeto pueda desplegar las acciones defensivas que el ordenamiento le ofrece. En efecto, concluye el Alto Tribunal que "las exigencias del principio de buena administración (...) y del principio de buena fe que debe presidir las relaciones entra la Administración y los ciudadanos abonan, además, una interpretación que acentúe la diligencia en el actuar administrativo y también la deferencia y el respeto con los que las autoridades y empleados públicos deben tratar a los ciudadanos (artículo 13 de la actual Ley del Procedimiento Administrativo Común), derechos que no se compadecen muy bien con una resolución administrativa que se dicta sorpresivamente, sin haber dado siquiera trámite a la petición de aplazamiento de las deudas que se apremian.

la obra estaba paralizada cautelarmente por decisión judicial, ¿pesaba sobre el contribuyente desde ese momento la obligación de solicitar la devolución de lo abonado por la emisión de la licencia que deba sustento legal a la obra? De no hacerlo, ¿corrían en su contra los plazos como si la obra se estuviera ejecutando?"

Y concluye con contundencia, "no parece razonable imputar al interesado la falta de realización de las obras y las consecuencias que de ello extrae la Corporación recurrida (i) cuando tales obras no pudieron llevarse a efecto como consecuencia de una decisión cautelar adoptada en un proceso en el que el ayuntamiento -que había concedido la licencia- tenía la condición de demandado, (ii) cuando la licencia misma -otorgada por el hoy recurrido- es declarada nula por ilegal en dicho proceso y (iii) cuando el Consistorio sabía que no era posible ejecutar las obras desde septiembre de 2007 por un hecho que no era responsabilidad del adjudicatario de la licencia (como parece hacernos creer su representante procesal al hablar de "desistimiento voluntario"), sino que deriva de un auto de suspensión cautelar adoptado en un proceso en el que el Ayuntamiento de Yaiza era parte demandada. Por último, no está de más recordar que el principio de plena indemnidad exige dejar incólume al contribuyente cuando, como es el caso, no es en absoluto responsable de las vicisitudes que determinaron la nulidad de la licencia por la que abonó la liquidación provisional del ICIO".

III. EXTENSIÓN DEL RÉGIMEN ACTUAL FORFETARIO DEL 1,5 POR 100 A TODAS LAS ENTIDADES DE SUMINISTROS ENERGÉTICOS

Una vez que no existen dudas respecto de la legitimidad de los Ayuntamientos de acuerdo a la posición de estos últimos años del Tribunal Supremo[31] para exigir tasas por la ocupación

---

31 Se acaba de cumplir diez años desde que la pionera posición del Tribunal Supremo a través de cinco sentencias de la misma fe-

efectiva del dominio público que se produce con ocasión de las distintas instalaciones que transportan la energía, ya sea por el subsuelo, suelo o vuelo públicos, la cuestión problemática reside en determinar cuál es el valor de mercado de dicha ocupación a efectos de determinar la cuota a pagar que sirva para compensar a los ciudadanos por la utilización privativa y el aprovechamiento especial del dominio público que se produce en cada demarcación municipal con ocasión no sólo de la ocupación física de la infraestructura que requiere la puesta en funcionamiento del servicio de telecomunicaciones (que por cierto nunca generó discusión), sino también respecto de la extensión geográfica de las conducciones del tendido eléctrico (mediante torres fijas y cableado en el vuelo público), así como de las canalizaciones a través del subsuelo mediante oleoductos y tuberías pluviales, etc.

En esta línea, abogamos como medida de simplificación que el legislador tributario realice la correspondiente modificación legal para que el pago de la tasa denominada del 1,5 por 100 que liquidan actualmente las entidades de telecomunicaciones ex art. 24.1.c) LRHL se extienda también al resto de entidades que prestan cualquier servicio de suministro energético con el fin de reducir la litigiosidad que sigue existiendo, no ya sobre el "*an*", cuya cuestión parece ya pacífica a resultas de la doctrina consolidada del Alto Tribunal, sino sobre el "*quantum*" respecto de lo que han de pagar dichas entidades suministradoras por

---

cha (SSTS. de 31 de octubre de 2013 -RC 2822/2012, 2827/2022, 2831/2023, 3256/2021 y 3060/2012) creaba un *leading case* respecto de la legalidad de los Ayuntamientos de hacer tributar a las compañías energéticas por la ocupación física de sus instalaciones en cada demarcación municipal; vid. sobre el particular, nuestro trabajo "Argumentos que cuestionan la legalidad de la tasa por la ocupación del tendido eléctrico y líneas de actuación futura a la luz de los fallos del Tribunal Supremo sobre la materia", así como el de resto de autores que participaron en el número monográfico sobre la materia *La tasa municipal sobre la ocupación del dominio público por el tendido eléctrico*, Monografías nº 2, 2014.

dicha ocupación del demanio[32]. Nótese que el Alto Tribunal ha descartado la posibilidad de que pueda exigirse un mismo tipo de gravamen del 5 por 100 de forma indiscriminada cuando pretenda gravarse distintos de intensidad de ocupación del demanio público, a saber, utilizaciones privativas *versus* aprovechamientos especiales del dominio público[33].

IV. NUEVAS TASAS POR OCUPACIÓN DEL DOMINIO PÚBLICO POR MÁQUINAS EXPENDEDORAS ("VENDING MACHINES") Y ACCIONES DE PUBLICIDAD DE MERCADOTECNIA ("STREET MARKETING")

El carácter flexible de la reserva de ley que proclama nuestro Tribunal Constitucional para las tasas locales (SSTC. 19/1987, de 17 de febrero[34]) ha otorgado cierta laxitud a los Ayuntamientos para crear cualquier tipo de tasa mediante sus ordenanzas

---

32 Cfr. sobre el particular nuestro trabajo "Propuestas en materia de configuración de tasas para una reforma de la tributación local", Revista *El Consultor de los Ayuntamientos,* nº 2, 2024.

33 Desde la pionera STS. de 3 de diciembre de 2020 (RC 3099/2019) a la más reciente STS. de 18 de diciembre de 2023 (RC 2205/2022).

34 Una crítica a esta doctrina del Tribunal Constitucional puede encontrarse en M. RUIZ GARIJO, *Problemas actuales de las tasas,* Lex Nova, Valladolid, págs. 57 y ss.; y P. ALGUACIL MARI, "Acerca de la flexibilidad de la reserva de ley en materia tributaria", *Civitas. Revista Española de Derecho Financiero,* nº 101, 1999, pág. 32; llegando esta última a denunciar que una negación de este principio en el ámbito de las tasas, podría suponer un desmantelamiento del carácter protector de los principios formales, pudiendo suponer una pérdida de garantías para los ciudadanos. Así mismo, MENÉNDEZ MORENO, A. ha apuntado que el Tribunal Constitucional ha distinguido distinta graduación del principio de reserva de ley en las tasas frente a los impuestos, pero sin llegar a concretarla; cfr. "Los impuestos y las tasas: algunas conclusiones e interrogantes respecto a su regulación actual", *Quincena Fiscal,* Nº 14, 2016, p.16.

fiscales siempre que sometan a gravamen ocupaciones de dominio público (mediante utilizaciones privativas y aprovechamientos especiales del demanio), así como prestaciones de servicios públicos.

Más recientemente, en esta misma línea, el Tribunal Supremo (STS. 27 de octubre de 2022 -RJ 2023, 5180-) ha vigorizado la lista abierta (*numerus apertus*) que establece el art. 20 LRHL a modo de "anuncio para navegantes" (en beneficio de los ayuntamientos) habilitando -a través de esta reserva de ley flexible en la esfera local- a los ayuntamientos para la imposición de cualquier tasa que esté amparada en ocupaciones de dominio público (apartado 3º) o prestaciones de servicios (apartado 4º).

Esto explicaría la legalidad de la tasa por ocupación de cajeros automáticos en línea de fachada que ya tuvo ocasión el Alto Tribunal de pronunciarse a favor de su legitimidad (SSTS. de 12 de febrero y 22 de octubre de 2009 -RJ 2009, 1797 y 7636-).

No resulta extraño que al fragor de esta posición del Tribunal Supremo que avala la legitimidad de los ayuntamientos para exigir a las entidades financieras una tasa por el aprovechamiento especial del dominio público por la ocupación de la vía pública por los clientes para operar en los cajeros automáticos, algún Ayuntamiento imaginativo se haya animado a establecer nuevas tasas por dicha ocupación del demanio con ocasión de los expendedores *automatizados o manuales* (tal como ha sucedido con la controvertida tasa del Ayuntamiento de Aspe por el despacho por ventanilla con acceso directo desde la vía pública de productos farmacéuticos fuera del horario comercial).

No obstante, este mismo Alto Tribunal se ha posicionado recientemente (STS. de 27 de octubre de 2022 -RC 5681/2020-) declarando ilegales aquellas tasas que graven ocupaciones del dominio público cuando por obligación legal requiera de dicho despacho por ventanilla [de conformidad con las normas de seguridad en establecimientos públicos y privados (art. 27

del Real Decreto 1338/1984, de 4 de julio; art. 131 del Reglamento de Seguridad, aprobado por RD. 2364/1994, de 9 de diciembre, y Orden INT 317/2011, de 1 de febrero]. Discrepamos sin embargo de la posición del Tribunal, pues lo verdaderamente relevante no es en nuestra opinión que dicho servicio resulte de prescripción legal por razones de seguridad pública con horario nocturno o de urgencia, que realizan las farmacias, lo que lleva al Alto Tribunal a excepcionar del devengo de dicha tasa, sino propiamente con la propia realización del presupuesto de hecho del tributo (aprovechamiento especial de dominio público en favor del sujeto pasivo que obtiene una "rentabilidad singular" en los términos del art. 85.2 de la Ley 33/2003 -RCL 2003, 2594-, del Patrimonio de las Administraciones Públicas), circunstancia que sí concurre en todos los establecimientos farmacéuticos que realizan este "servicio de guardia", y con independencia de que sea o no obligatorio por prescripción legal.

De acuerdo con la posición enunciada por el Tribunal Supremo, por nosotros cuestionada, sin embargo, sí se avalaría en todo caso, la posibilidad de que pudieran devengarse tasas con ocasión de la instalación en la vía pública de máquinas automatizadas expendedoras (v.gr. bebidas o snacks), o manuales de despacho de productos, o de entradas para el consumo de servicios (tickets de transporte colectivo -v.gr. turibus-), o para actividades de ocio (v.gr. de entradas para espectáculos públicos).

En nuestra opinión, dicha posición jurisprudencial habilitaría igualmente a los ayuntamientos para la implementación de tasas por acciones de publicidad en la vía pública, más conocidas en el mundo anglosajón como "*street marketing*".

El ayuntamiento más pionero en implementar tasas de este tipo del que tenemos noticia ha sido el de Madrid a través de la controvertida "tasa para el desarrollo de acciones publicitarias especiales", recurrida en varias ocasiones por el establecimiento mercantil de "El Corte Inglés" con ocasión de la audiencia de personas que provoca el espectáculo al aire libre de "Cortylandia" generando una práctica de mercadotecnia como medio de atracción de personas para la venta de sus productos[35]. La circunstancia concurrente del "beneficio o rentabilidad singular" sería relevante para discriminar la ocupación de dominio público generada en este caso frente al que podría atribuirse a una "agrupación fallera" o una "asociación vecinal sin ánimo de lucro" con motivo de dicho espectáculo público de "las Fallas" valencianas.

Por consiguiente, entendemos que para que concurra la legitimidad en la exigencia de la citada tasa deben concurrir dos requisitos:

- Por un lado, una ocupación del dominio público en detrimento de la colectividad de los ciudadanos; y
- Por otro, la generación de una "rentabilidad singular" al menos potencial para el sujeto que impulsa dicha actuación especial de publicidad. Desgranemos ambos elementos.

---

35 En efecto, el TSJ. De Madrid de 12 de noviembre de 2019 (R. 167/2019) declaró nulos los dos nuevos párrafos incorporados al art. 6.2 de la Ordenanza fiscal reguladora de la tasa del ayuntamiento de Madrid por utilización privativa o aprovechamiento especial del dominio público local para el desarrollo de acciones publicitarias especiales, por cuanto las especificaciones o excepciones que introdujo la reforma impugnada implicaban un sustancial aumento de las tarifas por *street marketing* que precisa un examen y justificación desde el punto de vista financiero o económico, para lo cual resultaba preceptiva la elaboración del informe o memoria técnica al que se refiere el art. 25 LHL, por lo que su omisión fue determinante de la nulidad de los preceptos impugnados. Posteriormente, en las SSTSJ. de Madrid de 23 de diciembre de 2019 (R. 954/2018) y de 14 de julio de 2020 (R. 1903/2019) se reconoció la legitimidad del Ayuntamiento de Madrid para exigir este tipo de tasas pero se obligó a dicho consistorio a recalcular dicha exacción pues en la liquidación originaria había contabilizado los días de montaje y desmontaje (un total de 53 días) con anterioridad y posterioridad al espectáculo.

1. Una *ocupación privada del dominio público,* en los términos que reconoce el art. 85 de la Ley 33/2003, de 3 de noviembre, de Patrimonio de las Administraciones Públicas, distinguiendo en atención a la intensidad de la restricción en el demanio público entre:

   - aquellos supuestos de *aprovechamiento especial del dominio público,* por el que sin impedir el uso común, supone la concurrencia de circunstancias tales como la peligrosidad o intensidad del mismo, la obtención de una rentabilidad singular u otras semejantes, que determinan un exceso de utilización sobre el uso que corresponde a todos o un menoscabo de éste; ó

   - aquellos otros de *uso privativo (utilización privativa* si empleamos la terminología de la LRHL), en los que se limita o excluye totalmente la utilización del mismo por otros interesados.

   Nótese que dicha circunstancia, con carácter general no concurre en las actuaciones de *"ambient marketing"*, frente a las de "*street marketing*", que como venimos apuntando sí estarían sujetas a una potencial tasa por ser invasivas de la vía pública, frente a las primeras que suelen adaptarse a la morfología del mobiliario público

   Precisamente el art. 2 de la ordenanza fiscal del Ayuntamiento de Madrid, reguladora de la tasa por utilización privativa o aprovechamiento especial del dominio público local para el desarrollo de acciones publicitarias especiales prescribe que "*no forman parte del hecho imponible y, por tanto, no están sujetas a la tasa las actuaciones que a continuación se indican, que se regirán por sus propias disposiciones normativas o contractuales:*

   a) La exhibición de anuncios publicitarios en vallas y andamios.

   b) La instalación de publicidad en elementos de mobiliario urbano de titularidad pública".

Nótese que la ordenanza implícitamente está declarando "no sujetas" las actuaciones de "*ambient marketing*" por tratarse de una publicidad totalmente mimetizada y respetuosa con el mobiliario público o privado.

Por último, recuérdese que la STC. 73/2011, de 19 de mayo, declaró inconstitucional y nula la tasa del Ayuntamiento de Barcelona que gravaba el dominio público "visual" por entender que, al no producir ni privación, ni limitación alguna del dominio público, en puridad se trataba de una figura *impositiva* sin respaldo legal de conformidad con los arts. 31.1 y 133.1 CE. Así las cosas, estaremos también ante un supuesto de "no sujeción" cuando la actividad publicitaria de mercadotecnia se localice extramuros del dominio público.

2. La *generación de una "rentabilidad singular"* al menos potencial para el sujeto que se beneficia de dicha actuación especial de publicidad.

   Como

   Conforme al art. 85.2 de la Ley 33/2003, de 3 de noviembre, del Patrimonio de las Administraciones Públicas, se califica como "aprovechamiento especial del dominio público" cuando el uso que realiza un particular del demanio público le genera una "rentabilidad singular" en términos de beneficio. Ahora bien, dicho beneficio no necesariamente ha de reputar en una mejora económica a corto plazo de su cuenta de explotación, por lo que bastaría por entender que también generaría el devengo de la tasa si produce una mejora de la imagen *ad futurum* (en los términos pronunciados por el Tribunal Supremo en la Sentencia de 30 de marzo de 2021 para excluir de plano lo que puede ser calificado de liberalidad, estando en consecuencia sujeto al IVA -RC 3454/2019-).

Esto explicaría la inclusión del apartado c) de la citada Ordenanza de la tasa del Ayuntamiento de Madrid por acciones publicitarias especiales al considerar que tampoco devengará el tributo cuando se trate de "actuaciones publicitarias de esta naturaleza que tengan carácter institucional o benéfico".

V. NUEVA TASA POR DESPLIEGUE POLICIAL ESPECIAL POR ACONTECIMIENTOS DE INTERÉS PÚBLICO

En base al principio de provocación de costes[36] y el carácter sinalagmático de las tasas, resulta razonable que todos aquellos servicios que requieran de un dispositivo especial de policía nacional y local, así como de limpieza, sin que se beneficie toda la colectividad sean internalizados por aquella entidad privada organizadora del evento. Así por ejemplo, los costes adicionales de vigilancia y limpieza derivados de un espectáculo deportivo o artístico podrían ser financiados por aquella entidad privada organizadora (propietario del lugar donde se celebre el evento, a saber, estadios, auditorios y rockodromos, plazas de toros, etc.). Nótese que a través del apartado g) del art. 20.4 LRHL se podría dar cobertura a través de estos "servicios de competencia local que especialmente sean motivados por la celebración de espectáculos públicos (...)" que aparecen de entre los servicios que ha de prestar el municipio de conformidad con el art. 25 LBRL.

---

36 Esto explica el apartado 2º del art. 20 LRHL cuando prescribe que "se entenderá que la actividad administrativa o servicio afecta o se refiere al sujeto pasivo cuando haya sido motivado directa o indirectamente por éste en razón de que sus actuaciones u omisiones obliguen a las entidades locales a realizar de oficio actividades o a prestar servicios por razones de seguridad, salubridad, de abastecimiento de la población o de orden urbanístico, *o cualesquiera otras*" (la cursiva es nuestra).

En esta misma línea, también podrían derivarse los costes del servicio público provocados en caso de manifestaciones ilegales[37].

VI.PRESTACIONES PATRIMONIALES PÚBLICAS NO TRIBUTARIAS

Más allá de la tendencia actual de configurar alegremente "prestaciones patrimoniales públicas no tributarias"[38], y la cicatería del legislador en orden a formular una regulación completa de este gravamen tarifario como garantía de los ciudadanos cercenando cualquier atisbo de abuso en su ejercicio, y aunque la norma guarde silencio respecto de la necesidad de elaborar una memoria económico-financiera de dicha prestación, resulta a todas luces de obligado cumplimiento, como ha recordado el Tribunal Supremo[39], que *"a efectos del artículo 25 LRHL, considerar*

---

37 Por el contrario, descartamos su aplicación también a manifestaciones organizadas legalizadas a fin de no generar tensión con el derecho constitucional de huelga.

38 Téngase presente que extramuros del contenido de este trabajo, el legislador a través de la Ley 38/2022, de 27 de diciembre ha introducido bajo la controvertida denominación de "prestaciones patrimoniales públicas no tributarias" dos nuevos gravámenes sobre la cifra de negocio de las entidades eléctricas y los ingresos de las entidades bancarias procedentes de intereses y comisiones.

39 Como claramente ha sentado doctrina el Alto Tribunal en la STS. 2596/2021, de 24 de junio, "los informes técnico-económicos no son simples requisitos formales sino requisitos esenciales que han de preceder siempre a los acuerdos de aprobación de las ordenanzas fiscales reguladoras de las tasas, determinando su omisión la nulidad de aquellos acuerdos al no permitir esa omisión el control del cumplimiento del límite global del coste del servicio o actividad y del principio de reserva de ley, la relación existente entre cuantía de la tasa y costes provocados al ente público y el respeto de la capacidad económica de los administrados, bien entendido que la omisión no viene determinada sólo por la total inexistencia de unos documen-

como informe técnico-económico... el estudio de viabilidad económico-financiera del contrato de gestión del servicio público elaborado por la propia concesionaria, objeto de la propia exacción".

En todo caso, el legislador no puede caprichosamente configurar indiscriminadamente prestaciones patrimoniales públicas no tributarias[40], sino que dicho ejercicio estará en todo caso sometido a un control jurisdiccional en base al principio de proporcionalidad, permitiéndose acudir a este recurso siempre que no exista otra vía de financiación que permita obtener el mismo resultado con una menor injerencia sobre el derecho de propiedad.

---

tos calificados como tales informes, sino también por la falta de un mínimo rigor en el planteamiento y formulación de los mismos".

40 Vid. sobre el particular, el original de C. PALAO TABOADA, "Prestaciones patrimoniales de carácter público", *Revista de Contabilidad y Tributación*, 481, 2023, págs. 5 y ss.

Capítulo VIII

Prestaciones patrimoniales públicas tributarias y no tributarias que graven actuaciones no respetuosas con la sostenibilidad ambiental

I. PLANTEAMIENTO

Con el fin de ordenar la tributación ambiental abogamos porque el Estado pudiera dictar una ley de bases con habilitaciones y fijación de límites para las Comunidades Autónomas y Corporaciones Locales[1]. Es cierto que las primeras han aprovechado su autonomía legislativa para establecer determinados impuestos (v.gr. sobre grandes superficies, emisiones de gases (óxidos de nitrógeno -aviación- y dióxido de carbono -vehículos terrestres-) a la atmósfera). Ahora bien, sería deseable que el Estado tuviera a bien ejercer su labor de ordenación en esta materia (nótese que el apartado 23º del art. 149.1. CE reconoce la competencia estatal en todo lo relativo a la legislación básica sobre protección del medio ambiente) y dictase una ley "bases" de protección fiscal del medio ambiente de conformidad con el art. 150.3 CE. La regulación previa de esta materia por parte de alguna Comunidad Autónoma no supondría ningún impedimento para que el Estado armonizase dicha materia, tal como ya ha sucedido por ejemplo

---

1 Nótese que el Estado ya reguló en su momento la Ley 7/1985, de Bases de Régimen Local (LBRL) que sigue en vigor pese a las distintas modificaciones que se han realizado desde su aprobación. La última modificación introducida ha sido aprobada por el RDL. 6/2023, de 19 de diciembre.

con el impuesto sobre depósitos bancarios pese a existir ya previamente en otras Comunidades Autónomas (v.gr. Extremadura, Cataluña, Asturias y Valencia), pues ha de acudirse a la preceptiva coordinación o compensación económica respecto de aquellas Comunidades Autónomas afectadas de conformidad con el art. 6.2 LOFCA[2].

En este orden de ideas, el establecimiento de un tributo que gravara las estancias turísticas no resultaría novedoso teniendo experiencias en el pasado si bien en sus orígenes ha sido proyectado en la esfera autonómica. Nos referimos a la denominada "ecotasa balear" aprobada por la Ley 7/2001, de 23 de abril, que fue posteriormente derogada y reimplantada años más tarde a través de la Ley 2/2016, de 30 de marzo, del impuesto sobre estancias turísticas de las Islas Baleares y de medidas de impulso del turismo sostenible[3].

Sobre esa misma fecha, el Parlamento de Cataluña, también a través de la Ley 5/2017, de 28 de marzo, de medidas fiscales, financieras, administrativas del sector público, creó el impuesto autonómico sobre las estancias de alojamiento en establecimientos turísticos (hoteles, apartamentos, casas rurales y cruceros), para años después, ya en el ámbito competencial propio de este

---

2 Obsérvese que dicho mecanismo de coordinación o compensación económica ya ha sido empleado con ocasión de la creación del impuesto estatal sobre los depósitos en las entidades de crédito a través de la Disposición 13ª de la Ley 16/2012, de 27 de diciembre, por la que se adoptan diversas medidas tributarias dirigidas a la consolidación de las finanzas públicas y al impulso de la actividad económica. La exposición de motivos de la citada Ley de esta forma clara revelaba la finalidad de dicha disposición: "Se crea el Impuesto sobre los Depósitos en las Entidades de Crédito con la pretensión de asegurar un tratamiento fiscal armonizado que garantice una mayor eficiencia en el funcionamiento del sistema financiero…".

3 Vid. sobre el particular, GARCÍA CARRETERO, B., "Nuevas cuestiones en torno al Impuesto sobre estancias turísticas en las Islas Baleares y de medidas de impulso del turismo sostenible al hilo de la STJ de las Islas Baleares 36/2020, de 27 de enero", *Nueva Fiscalidad,* nº 2, 2020.

estudio, este mismo Parlamento habilitó a través del art. 5.4 de la Ley 5/2020, de 29 de abril, de medidas fiscales, financieras, administrativas y del sector público, para que mediante ordenanza el Ayuntamiento de Barcelona pudiera establecer un recargo municipal sobre las estancias turísticas.

Por último, la Comunidad Valenciana ha creado también un impuesto propio sobre estancias turísticas (IVET) a través de la Ley 7/2022, de 16 de diciembre, de medidas fiscales para impulsar el turismo sostenible[4], permitiendo a los municipios establecer un recargo (art. 11) a fin de que los turistas en aquellos municipios que lo establezcan puedan coadyuvar al mantenimiento de los servicios públicos y contribuyan de acuerdo al principio quien contamina paga (*"polluter pays principle"*) a corregir el impacto ambiental que produce en el ecosistema.

En consecuencia, puede afirmarse que actualmente no es posible que un Ayuntamiento pueda crear un impuesto propio sobre las estancias turísticas, por cuanto la LRHL prohíbe establecer nuevos impuestos más allá de los que se regulan actualmente por el citado cuerpo normativo. Así las cosas, si un Ayuntamiento tuviera interés en exigirlo tendría que modificarse la LRHL, o bien, ser el propio Parlamento autonómico el que cediera total o parcialmente la recaudación en beneficio del citado Ayuntamiento, o bien se habilitase al propio órgano supramunicipal (tal como ha sucedido con las CCAA de Cataluña o de Valencia) para que mediante ordenanza pudiera exigir un "recargo" sobre dicho impuesto ya creado por la Comunidad Autónoma. La opción que defendemos en estas páginas gravitaría porque el Estado creara dicho impuesto compensando económicamente -de acuerdo al art. 6.2 LOFCA- a aquellas

---

4 El art. 3 de la citada Ley, grava la estancia de entre los cuales, se citan: establecimientos hoteleros, bloques y conjuntos de apartamentos turísticos, viviendas de uso turístico, campings, áreas de pernocta en tránsito para autocaravanas, alojamiento turístico rural, y albergues turísticos, así como el fondeo o amarre de embarcaciones de crucero turístico cuando realicen escala en un puerto de la Comunidad Valenciana.

Comunidades Autónomas que ya lo hubiesen establecido previamente[5].

II. PROPUESTAS DE LEGE FERENDA

En aras de poder ejercer la autonomía municipal que proclama el art. 140.1 CE, se propone la reforma de la LRHL para introducir un nuevo impuesto extrafiscal sobre actuaciones no respetuosas con el medio ambiente, que podría englobar una serie de exacciones tributarias de naturaleza potestativa como las relativas a los costes ambientales que han de soportar los municipios con ocasión de las estancias turísticas, así como otras actividades que tengan como objeto la protección de nuestro entorno natural.

---

5 Sin embargo, no comparte esta opinión P.M. HERRERA y A. TANDAZO en relación con posible impuesto estatal sobre grandes superficies (y que entendemos que esta argumentación sería también extrapolable a la creación por parte del Estado de un impuesto sobre estancias turísticas, pues "en la medida en que solo algunas comunidades autónomas han establecido impuestos sobre grandes superficies y no resultan completamente claros los beneficios prácticos de estos tributos para el medio ambiente, consideramos que las decisiones sobre su implantación y diseño deberían dejarse en manos de cada comunidad autónoma en lugar de que el Estado sustituya los vigentes impuestos autonómicos por un impuesto local aplicable en todo el territorio español. No obstante, si el legislador decidiera crear un impuesto local sobre grandes superficies, sería preferible que lo hiciera respetando los impuestos ya creados por las comunidades autónomas, siempre que se ajustaran a los criterios de armonización previstos por la ley estatal. Dichos criterios deberían recoger la nueva formulación de la ley catalana, por ser la que presenta un mayor grado de incidencia ambiental"; cfr. "¿deberían establecerse impuestos ambientales de carácter local sobre grandes establecimientos comerciales o sobre actividades económicas?, *Tributos Locales*, nº 159, 2022, pág. 56.

1. En cuanto a la propuesta de este nuevo impuesto potestativo sobre estancias turísticas, nótese que el objeto de este tributo tendría una doble finalidad:

   - Por un lado, coadyuvar a la financiación de determinados servicios públicos de los que se aprovechan los turistas cuando viajan a un determinado lugar (v.gr. transporte público, seguridad ciudadana, limpieza viaria y de playas incluyendo el tratamiento y reciclaje de residuos sólidos urbanos[6], etc.). Siguiendo a BERLIRI, la imposición en un determinado territorio se justifica por el beneficio que perciben aquellos sujetos que disfruten de unos servicios públicos[7]. En consecuencia, dado que con carácter general, los autóctonos de dicho territorio ya suelen tributar de acuerdo a las distintas exacciones exigibles a nivel municipal, autonómica o estatal, resulta también razonable que el resto de sujetos (a saber, turistas) como consumidores igualmente de recursos públicos (transporte público, seguridad ciudadana, limpieza viaria, etc., materias donde tienen competencia los Ayuntamientos) contribuyan igualmente a las arcas públicas como beneficiarios igualmente de esos servicios públicos de calidad que requieren de financiación para su establecimiento y mantenimiento[8].

---

6 Precisamente la Ley 7/2022, de 8 de abril, de residuos y sólidos urbanos contaminados para una economía circular, establece el gravamen de determinadas exacciones para el tratamiento y reciclaje de los residuos sólidos urbanos.

7 Cfr. BERLIRI,A., *Principios de Derecho Tributario,* vol.I, (Traducción realizada por F.VICENTE-ARCHE), Ed. Derecho Financiero, Madrid, 1964.

8 Respecto al sobrecoste de gastos que ha de acometer un municipio turístico debido al uso masivo de servicios públicos que se ofrecen a los turistas, se ha hecho eco, A.Mª. MUÑOZ MERINO y J. SUÁREZ PANDIELLO cuando afirman que "se trata de dar respuesta a una demanda recurrente por parte de los municipios turísticos que argumentan tener que desplegar un abanico de servicios que van

Frente a lo que suele ocurrir por ejemplo en Italia donde el acceso por ejemplo a las playas exige el pago de una prestación patrimonial, en España los turistas disfrutan de forma gratuita de numerosos servicios públicos que sin embargo, generan altos costes de mantenimiento para los Ayuntamientos. Así que sobre la base del principio "quien contamina paga", es de justicia así mismo que se internalicen los costes de mantenimiento del servicio público sobre aquellos que son directamente responsables de la contaminación ambiental[9].

---

mucho más allá del que correspondería a su población residente y contribuyente actual. La circunstancias de contar con una población de hecho muy superior a la de derecho, bien con carácter estacional, o incluso en los casos de municipios con gran población flotante, obliga a incrementar los gastos de mantenimiento de servicios tales como la recogida de basuras, o la seguridad ciudadana, por poner dos ejemplos; y ha servido de base para reivindicaciones de financiación adicional para quienes están en esa situación, reivindicación que se suele llevar al terreno de las transferencias"; cfr. "Reformando la financiación local: ¿un viaje o una excursión?", *Fedea Policy papers,* Nº 8, 2018, pág. 16.

9 Vid. la propuesta en este sentido, recogida en el informe de la Comisión de Expertos para la Revisión del Modelo de Financiación Local, 2017, p. 60. Puede consultarse en: http://www.hacienda.gob.es/CDI/sist%20financiacion%20y%20deuda/informacioneells/2017/informe_final_comisión_reforma_sfl.pdf

En esta misma línea de habilitación por parte del Estado de un impuesto potestativo en favor de los municipios que son los que finalmente soportan las externalidades negativas que generan los turistas, se ha pronunciado Mª.M. SOTO MOYA, pues revestiría "una mayor seguridad jurídica al no existir diecisiete impuestos con denominaciones, requisitos y características dispares, como ocurriría en el caso de que los mismos se implantaran por cada Comunidad Autónoma. Sus elementos esenciales serían regulados a través de la norma estatal, y ello redundaría en un carácter más igualitario para todos los sujetos implicados; cfr."El carácter impositivo de las "tasas por estancias en establecimientos turísticos": una llamada a su posible implementación por las entidades locales", *Tributos Locales,* nº 142, 2019, págs. 117 y ss.

- Así las cosas, dicho tributo tiene como objeto internalizar en base al "*polluter pays principle*" los costes potenciales de los daños de contaminación sobre aquellos sujetos que más contribuyen a estos comportamientos menos respetuosos con el medio ambiente.

  Nótese que estas exacciones tributarias están muy arraigadas en el Derecho comparado (v.gr. *Hotel Tax (USA)*; *Taxe de séjour (Francia)*; *Imposta di soggiorno (Italia)*[10]; ó *Bettensteuer ("impuesto por cama"* de algunos länders *alemanes)*, pero también propiamente en nuestro país mediante su implementación en algunas Comunidades Autónomas como Cataluña ó Islas Baleares).

  En nuestra opinión, se podría complementar en aquellos municipios costeros un impuesto municipal sobre estancias turísticas con un recargo municipal sobre la tasa de atraque en puertos a fin de que los turistas de viajes sin pernoctación ("day-trip") contribuyan también a la financiación de dichos servicios públicos como beneficiarios de éstos igualmente.

  Los establecimientos de alojamiento (hoteles, hostales, fondas y posadas, casas rurales, albergues, apartamentos turísticos, campings, etc.), o de atraque (compañías

---

Incluso, alguna autora ha abogado también por el establecimiento de un impuesto autonómico sobre el arrendamiento de vehículos a motor como compensación por los costes ambientales que produce su uso en dichas zonas turísticas; cfr. R. FRAILE FERNÁNDEZ, "Propuesta de impuesto local sobre estancias turísticas", *Revista Tributos locales*, nº 149, 2021, pág. 26.

10 El art. 4 del Decreto Legislativo nº 23, de 14 de marzo de 2011, de federalismo fiscal municipal, habilita a los Ayuntamientos a establecer un impuesto sobre las estancias turísticas (*imposta di soggiorno*), lo que ha servido para que una gran parte de las ciudades más turísticas lo hayan implementado para compensar de los costes ambientales que produce el turismo en estos municipios (Florencia, Venecia, Palermo, Bolonia, Verona, Rimini, etc.).

navieras) podrían convertirse en sustitutos del tributo para una gestión eficiente de la recaudación pudiendo derivar el coste económico sobre el usuario del servicio de alojamiento.

Por otro lado, y para evitar que se utilice simplemente como un impuesto con tintes recaudatorios, sería deseable que se afectara la totalidad de la recaudación a labores ambientales para la conservación y reparación de los daños producidos por el turismo[11].

2. Así mismo, podría el Estado articular un impuesto sobre actuaciones no respetuosas con la sostenibilidad ambiental, y que podría aglutinar cualquier actuación del ser humano que genere daños al ecosistema, tal como sucede por ejemplo, con ocasión de la compra de aerosoles (sprays) de pintura, al provocar la limpieza municipal para la eliminación de determinados actos vandálicos, como es la irrupción de *graffitis* en las fachadas de las vías públicas[12]. Dicho tributo podría devengarse en el momento de la adquisición del producto, y transferirse

---

11 Esto explica que la recaudación del impuesto catalán esté afecta al fondo para el fomento del turismo, la del impuesto balear al fondo de promoción del turismo sostenible; y la del valenciano a la promoción, impulso, protección, fomento y desarrollo del turismo sostenible.

12 Nótese que el pago de este impuesto es independiente de la responsabilidad penal que pueda asumir aquél sujeto que haya sido condenado por un delito contra daños al patrimonio público (art. 323 CP), o contra la propiedad ajena (art. 263 CP) por la comisión de este acto vandálico. La dificultad de acreditar la autoría (generalmente dichos sujetos actúan de noche y disfrazados) conlleva que dichos actos queden impunes, y los casos residuales que son juzgados, suelen finalizar con la imposición de una pena de multa pero no la de privación de libertad. En todo caso, la *ratio decidenci* de este tributo, es fundamentalmente para crear un fondo afectado a la preservación y recuperación del patrimonio público devastado por estos actos insolidarios.

periódicamente por la Administración General del Estado a las Diputaciones Provinciales a través de las transferencias corrientes. La aplicación de este nuevo tributo podría aprovechar la buena experiencia ya adquirida con la implantación reciente del "impuesto especial sobre envases de plásticos no reutilizables", aprobado por la Ley 7/2022, de 8 de abril, de residuos y suelos contaminados para una economía circular. En esta misma línea, también recuérdese que actualmente opera el denominado "canon digital", que es técnicamente un "impuesto que se abona con ocasión de la adquisición de un dispositivo electrónico como compensación económica a las copias privadas que pueden realizarse con ocasión del citado dispositivo adquirido (Real Decreto 209/2023, de 28 de marzo, por el que se establece por el que se establecen la relación de equipos, aparatos y soportes materiales sujetos al pago de la compensación equitativa por copia privada, las cantidades aplicables a cada uno de ellos y la distribución entre las distintas modalidades de reproducción, previstas en el artículo 25 del texto refundido de la Ley de propiedad intelectual, aprobado por Real Decreto Legislativo 1/1996, de 12 de abril).

3. Por último, resulta preceptivo el establecimiento de una nueva prestación patrimonial pública para la recogida, transporte y tratamiento de los residuos domésticos.

   En efecto, con ocasión de la promulgación de la Directiva (UE) del Parlamento Europeo y del Consejo de 30 de mayo de 2018, por la que se modifica la Directiva marco de residuos 2008/98/CE, se ha introducido un anexo IV bis por el que entre otros tributos, se compele a los municipios a implementar en su demarcación territorial un sistema de pago por generación de residuos (*"pay as you throw"*) imponiendo *tasas* a los productores de residuos según la cantidad real de residuos generados para que a su vez internalicen en función del pago por generación en base al principio *pigouviano* "quien contamina paga".

El art. 12.5 de la Ley 7/2022, de 8 de abril, califica como "servicio obligatorio de las entidades locales en todo su ámbito territorial, la recogida, el transporte y el tratamiento de los residuos domésticos". Por su parte, el art. 11.3 del citado cuerpo normativo, obligará al Ente Público en un plazo de tres años, con ocasión de financiar los costes de gestión del tratamiento de los residuos de competencia local, a tener que elegir entre el establecimiento, bien de una tasa, o bien, de una prestación patrimonial pública no tributaria[13].

Ahora bien, en la mayor parte de los municipios, el instrumento elegido será configurado a través de "prestaciones patrimoniales públicas no tributarias" (conocidas más informalmente como "tarifas") por la imposibilidad del propio Ayuntamiento de poder gestionar con eficiencia esta actividad ambiental llevando a cabo esta labor una empresa privada o a través de una sociedad municipal[14].

---

13 Sobre el particular, vid. el original de P.M. HERRERA MOLINA, "Incidencia de la futura Ley de residuos sobre las tasas y tarifas locales", *Revista Tributos Locales,* nº 152, 2021, págs. 13 y ss. S. ARANA LANDÍN, S.: "Consideraciones sobre la tasa de basuras o prestación económica por la gestión local de residuos en relación con la Agenda 2030". *Tributos Locales,* núm. 97, 2023, pág. 117. R. ALONSO GÓMEZ, "Dos nuevos impuestos medioambientales para el 2023 sobre la reducción y gestión de residuos (Ley 7/2022)", *Actualidad Jurídica Aranzadi,* 982/2022. J.I. GOMAR SÁNCHEZ, "La tasa de residuos locales: observaciones y problemática", *Tributos Locales,* nº 159, 2022, págs. 91 y ss. J. PAGÉS I GALTÉS, "La prestación económica por la gestión local de residuos: naturaleza jurídica", Tributos Locales, nº 156, 2022, págs. 49 y ss. M. RUIZ GARIJO, "Cuenta atrás para el establecimiento de gravámenes por el servicio de gestión de residuos municipales" (*pay as you throw*)", *Tributos Locales,* nº 156, 2023.

14 En esta línea se ha pronunciado la R. DGT de 26 de diciembre de 2018 (V3265-18) en relación con la configuración de una prestación patrimonial tributaria, o no tributaria respecto de la puesta en marcha de un servicio municipal de transporte urbano colectivo, concretando

En esta línea se ha manifestado el informe emitido con fecha de 14 de mayo de 2024 por el Grupo de trabajo compuesto por representantes del Ministerio de Hacienda, del Ministerio de Transición Ecológica y del Reto Demográfico, así como de la FEMP, y bajo el título "cuestiones relevantes en relación con el establecimiento y la gestión de la tasa de residuos sólidos urbanos" para que implementen antes de la fecha de 10 de abril de 2025 los Ayuntamientos en su demarcación municipal un servicio de recogida selectiva de residuos sólidos urbanos y reciclaje, que será financiado bien bajo la forma de "tasa", o bien a través de una prestación patrimonial pública no tributaria[15].

---

que nos encontraríamos ante una *tasa* si se presta directamente por el propio Ayuntamiento por sus propios medios, sin personificación diferenciada; mientras que si se presta mediante alguna de las formas de gestión directa con personificación diferenciada (como es la sociedad mercantil local o la entidad pública empresarial) o mediante gestión indirecta a través de las distintas formas previstas para el contrato de gestión de servicios públicos (como es la concesión administrativa), entonces adoptaría la forma de *"prestación patrimonial de carácter público no tributaria"*.

15 https://www.femp.es/sites/default/files/multimedia/CUESTIONES-TASA-RESIDUOS.pdf

Capítulo IX

Impulso a las contribuciones especiales

I. REGULACIÓN ACTUAL

Los arts. 28 -37 LRHL regulan el régimen tributario de las contribuciones especiales facultando a las Corporaciones Locales dentro de sus competencias a exigir este tributo a aquellos sujetos que obtengan un beneficio o un aumento de valor de sus bienes como consecuencia de la realización de obras públicas o del establecimiento o ampliación de servicios públicos locales. En consecuencia, la exigencia del tributo gravita por la existencia de un "beneficio singular" como consecuencia del aumento en el valor de los bienes, por lo que si no concurriera beneficio alguno por la inexistencia de un aumento en el valor de los bienes, que es precisamente el sustrato de la imposición en base al principio de capacidad económica, el tributo no podría exigirse[1].

Para la ejecución de las competencias propias e impropias que asumen las Corporaciones Locales de acuerdo a la Ley de Bases de Régimen Local, entendemos que es un recurso eficaz para poder ejercer con responsabilidad dotándolas de contenido[2].

---

1 Esto explica que se anuló la imposición de una contribución especial en un municipio en el que pretendía financiarse la construcción de un vial pero que formaba parte del sistema general de comunicaciones del Ayuntamiento; vid. STS. 23 de abril de 1998 (RC 318/1992).

2 Tal vez esto explica que el profesor CALVO ORTEGA haya llegado a afirmar que es en el establecimiento de esta figura tributaria donde más se manifiesta la autonomía municipal; cfr. R. CALVO ORTEGA, "Princi-

Así, el apartado 2º del art. 25 LBRL prescribe que "el Municipio ejercerá en todo caso como competencias propias, en los términos de la legislación del Estado y de las Comunidades Autónomas, en las siguientes materias:

a) Urbanismo: planeamiento, gestión, ejecución y disciplina urbanística. Protección y gestión del Patrimonio histórico. Promoción y gestión de la vivienda de protección pública con criterios de sostenibilidad financiera. Conservación y rehabilitación de la edificación;

b) Medio ambiente urbano: en particular, parques y jardines públicos, gestión de los residuos sólidos urbanos y protec-

---

pios tributarios y principios de la hacienda municipal", en *La reforma de las Haciendas Locales,* Valladolid, 1991, pág. 77.

Aunque desborda la extensión de este original, el análisis de la financiación de las denominadas competencias "impropias" (es decir, aquellas que no están atribuidas de acuerdo con la LBRL a las entidades locales, pero que sin embargo son cubiertas con recursos económicos y humanos por éstas), ha sido objeto de análisis por algunos autores. Sobre el particular, vid. el trabajo de M. ESTEBAN CABRERA y J. SÁNCHEZ MALDONADO, *Una propuesta de financiación municipal.* Papeles de trabajo, IEF, nº 28, 2007, en el que se defiende que dichos gastos El modelo propuesto distribuye la carga de la financiación de los servicios impropios en la siguiente proporción para salvar la situación actual en el que las Corporaciones Locales asumen el 100 por 100 de dichos gastos:

- 25 por 100 Administración General del Estado,
- 50 por 100 Comunidades Autónomas,
- 25 por 100 Corporaciones locales.

Son pues las Comunidades Autónomas las que mayor esfuerzo deben hacer. La concreción de las propuestas es la siguiente: a) aumento del Fondo de Participación en los Ingresos del Estado; b) creación de dos Fondos de Participación Autonómico, uno para financiar el gasto corriente, otro para financiar inversiones, y c) creación de un recargo local sobre la cuota del IRPF. Se adjunta un enlace del original para su consulta:

https://www.ief.es/docs/destacados/publicaciones/papeles_trabajo/2007_28.pdf

ción contra la contaminación acústica, lumínica y atmosférica en las zonas urbanas.

c) (...)".

II. PROPUESTAS DE MEJORA

Aunque el legislador estatal configuró este tributo sinalagmático (como vía de compensación de costes) como uno de los recursos potenciales que podrían emplear los municipios para financiar determinadas obras que resultan necesarias para el desarrollo y progreso de la localidad, sin embargo, debe reconocerse que hoy día tiene una aplicación ciertamente residual.

Su justificación podría venir por las siguientes razones:

- La dificultad a la que se enfrenta la Administración para acreditar el "beneficio especial" que han de obtener unos sujetos frente al resto de la colectividad[3], lo que ha llevado en muchas ocasiones a ser recurridas ante los Tribunales por entender que no concurría la *ratio* del tributo, y en consecuencia, carecer de legitimidad para su imposición. Como ha advertido el Tribunal Supremo, la idea del "beneficio fiscal" se halla relacionada con la ejecución de obras que afectan de modo concreto, directo y especial a determinadas personas, como acontece cuando se pavimenta

---

3 Convenimos con C. MARTÍNEZ SÁNCHEZ que la carga de la prueba recae en la Administración que tendrá que acreditar que un determinado sujeto se beneficia especialmente de la obra a financiar mediante este recurso tributario; cfr. "La problemática regulación de las contribuciones especiales en España" en la obra colectiva *Aspectos de interés para una futura reforma de las Haciendas Locales,* Tirant lo Blanch, Valencia, 2019, pág. 403.
Como advierte la STSJ. Cataluña de 1 de febrero de 2002, el beneficio especial ha de ser efectivo y comprobable con criterios objetivos, sin que a estos efectos será suficiente la mera apreciación subjetiva de la Administración.

o se hace el acelerado de una específica y concreta calle, pero en el entendimiento que siempre debe pretenderse un interés común o general, de modo que dichas obras generan un beneficio especial predominante, que se va difuminando progresivamente las zonas más cercanas, hasta llegar y expandirse e identificarse como beneficio común o general a todos los propietarios de inmuebles. En cambio, en las obras que constituyen los sistemas generales el fin predominante es el interés común, que por supuesto afecta a todos los propietarios, pero que normalmente no genera un beneficio especial, sino la simple concreción individual de dicho interés común, que no es lo mismo" (STS. 16 de abril de 1998)[4]. Así las cosas, ante la ausencia de concurrencia de "beneficio especial", la única vía posible por parte del municipio sería financiar dicha obra a través de los recursos ordinarios que recibe el Ayuntamiento de otras fuentes de ingresos (fundamentalmente del IBI, o de las participaciones de ingresos del Estado -PIES- y participaciones de ingresos de las CCAA -PICAS-).

- El prolijo procedimiento para su imposición (arts. 34 y ss. LRHL) junto con los recursos humanos limitados de los Ayuntamientos para el cálculo del acuerdo de ordenación y su exigencia individual a cada sujeto especialmente beneficiado.

Pese a estas circunstancias, consideramos que puede ser una fuente de ingresos ciertamente eficaz para financiar obras en pro de la dinamización de determinadas zonas deprimidas o aisladas mediante la creación de "áreas comerciales urbanas", ó bien mediante la ampliación de "zonas verdes". En nuestra opinión, la normativa actual para reducir el margen de discrecionalidad del ayuntamiento en orden a determinar los titulares de inmuebles

---

4 En esta misma línea, vid. también las SSTS. 23 de julio de 1998; de 18 de enero de 2000; de 10 de junio y 31 de diciembre de 2002 y de 23 de junio de 2003.

beneficiados especialmente por la obra debería concretar el radio máximo en el mapa cartográfico que resultan beneficiados (v.gr. quinientos metros cuadrados).

Por último, también podría subvencionarse mediante "contribuciones especiales negativas" a aquellos sujetos que resulten especialmente perjudicados con ocasión de la construcción de una obra pública en base a las externalidades negativas que produce en una determinada demarcación territorial (v.gr. titulares de inmuebles colindantes a determinados lugares que presentan determinadas características que por resultar ciertamente molestas disuaden su residencia, como las de un estercolero por malos olores, los de una fábrica por ruidos, los de una central nuclear por el riesgo de accidentes, así como los de un aeropuerto por los ruidos, etc.).

Capítulo X

Consideraciones críticas y propuestas de Lege Ferenda

Primera.- Caminando hacia el cuarto de siglo desde la última reforma parcial del sistema tributario local nos encontramos ante un momento óptimo para dotar a las Entidades Locales de las vías de financiación necesarias para vigorizar el principio de suficiencia y autonomía financiera que proclama el art. 140 CE.

I. IMPUESTO SOBRE BIENES INMUEBLES (IBI)

Segunda.- La base imponible del IBI debería cuantificarse por un tanto por ciento del valor de referencia.

En base al principio constitucional de capacidad económica como medida de imposición, el criterio para someter a gravamen aquellos tributos cuyo objeto fin sean bienes inmuebles debería gravitar sobre la clasificación clásica de valor de "intercambio", y valor de "uso".

Así las cosas, entendemos que podría seguirse un doble criterio para valorar los bienes inmuebles:

- En aquellos tributos de devengo instantáneo que gravan el valor de mercado con ocasión de una transacción económica (v.gr. *Impuesto municipal sobre el incremento del valor de los terrenos de naturaleza urbana*, pero también otros tributos extramuros de la tributación local como son el ISD, ó TPO, así como el valor de enajenación a efectos de determinar la ganancia ó perdida de patrimonio en IRPF) la base imponible debería estar conformada por el vigente "valor de referencia" que tiene actualmente una vocación natural de reflejar el "valor de mercado" del bien inmueble.

- Sin embargo, en aquellos impuestos periódicos que tengan un destino de "uso" prolongado en el tiempo (v.gr. *IBI*) debería conformarse por el "valor de disfrute" que podría configurarse por una fórmula forfetaria en base a un tanto por ciento del mismo "valor de referencia". En orden a determinar el *quantum* del hecho imponible podría ser útil el porcentaje lineal mínimo que regula el art. 12 de la LIS para calcular el importe de amortización desacelerada de los inmuebles (1 por 100) al reflejar la depreciación del inmueble precisamente por su "uso". Téngase presente que el principio de seguridad jurídica reclama también que la base imponible de los distintos tributos sea predecible en beneficio de los operadores económicos y así reducir las altas cuotas de litigiosidad en esta materia.

Nótese que actualmente la Dirección General del Catastro adscrita al Ministerio de Hacienda tiene competencia para elaborar dos tipos de valores: el "valor catastral" y el "valor de referencia" de conformidad con los arts. 27 y DF 3ª de la Ley del Catastro Inmobiliario (en adelante, LCI) respectivamente. Hasta la fecha, el segundo no ha tenido relevancia práctica en la imposición municipal pero sí el primero que se sigue utilizando para determinar la base imponible del IBI y del IIVTNU. En aras de reforzar el principio de seguridad jurídica por la tendencia práctica de los Ayuntamientos de petrificar el valor catastral (obsérvese que pueden permanecer inalterados hasta un plazo máximo de diez años *ex* art. 28.3.a) LCI) y el carácter cuasi "inatacable" de la ponencia de valores para los administrados, propugnamos que dicho valor catastral pudiera convertirse en un futuro en un tanto por ciento del valor de referencia.

Tercera.- Dificultades técnicas para el control de las viviendas desocupadas en el establecimiento futuro de recargos municipales

La Ley 12/2023, de 24 de mayo, por el derecho a la vivienda, ha endurecido el tratamiento actual de la vivienda desocupada estableciendo un recargo en la cuota del IBI, lo que exigirá la firma de un convenio de colaboración entre los municipios y la AEAT para su control efectivo. No somos partidarios de esta superposición de gravamen por cuanto puede fácilmente salvarse con familiares directos del titular que fijen su residencia "fantasma" en dichos inmuebles. Además, tendría que fijarse la fecha del devengo del IBI a año vencido (31 de diciembre) y liquidar este tributo sincronizándolo con la información de que dispone la AEAT para la exigibilidad de IRPF, que como es sabido, no resultará posible conocer hasta la finalización del período voluntario de pago (es decir, tras transcurrir seis meses del devengo del impuesto -1 de julio-).

Cuarta.- Reconfiguración para el establecimiento de la bonificación obligatoria para inmuebles con sistemas de aprovechamiento de energías renovables.

En aras de dar cumplimiento al art. 2.1 *in fine* LGT que permite establecer tributos con fines de política económica, entendemos que debería ambientalizarse aún más el IBI estableciendo una bonificación obligatoria (y no potestativa cómo está configurada actualmente hasta el 50 por 100) sobre aquellos inmuebles que tengan instalados sistemas para el aprovechamiento de energías renovables. De alguna forma, el Estado y las Comunidades Autónomas (que tiene competencia en materia de vivienda *ex* art. 148.1.3ª CE) deberían compensar a los Ayuntamientos por este incentivo fiscal (en la misma línea que lo establece la DA 10ª en relación al IAE) para evitar que la pérdida de recaudación por dicho incentivo descanse únicamente en el municipio.

II. IMPUESTO SOBRE ACTIVIDADES ECONÓMICAS (IAE)

Quinta.- Ampliación del ámbito subjetivo de la exención y reducción en el límite cuantitativo para la exigencia del IAE

La actual exención en el *IAE* sobre las personas físicas no se justifica en base al principio de capacidad económica como medida de igualdad. Así las cosas, debería corregirse esta discriminación subjetiva equiparándose a la misma cifra de negocio que opere para la sujeción a las personas jurídicas. En esta línea, proponemos reducir el límite de la exención hasta los 600.000 € como medida de eficacia recaudatoria de este impuesto. Su configuración técnica como "impuesto" en lugar de "tasa" (tributo sinalagmático) refuerza la justificación de los beneficios que ha de presumirse percibirá su titular con ocasión del "ejercicio" de la actividad económica. Ahora bien, podría quedar salvado su reproche de inconstitucionalidad (en base a los principios de justicia tributaria anidados en el art. 31 CE) si se revisa el aspecto material del hecho imponible eliminando la referencia actual al "mero ejercicio" (que no es un índice directo de la capacidad económica) permitiéndose deducir el gravamen municipal en la cuota íntegra de los Impuestos sobre la renta (IRPF, IS e IRNR). La referencia al "mero ejercicio" resulta controvertida si como hemos comprobado con ocasión del "estado de alarma" se impide éste precisamente por prescripción legal impidiendo la generación de actividad sobre la que trae causa este tributo ignorando la capacidad económica del contribuyente y el "beneficio medio del sector" de al menos el 15 por 100 que defiende la base tercera del art. 85.1 de la LRHL (STS. 30 de mayo de 2023 -TOL9.594.899-).

III. IMPUESTO SOBRE VEHÍCULOS DE TRACCIÓN MECÁNICA (IVTM)

Sexta.- Revisión de los elementos actuales de cuantificación del IVTM

Sobre la base del "valor de uso" que venimos defendiendo para los impuestos periódicos que gravan la titularidad de uso de un bien patrimonial, el principio de capacidad económica que tiene su natural ámbito de aplicación en las figuras de naturaleza impositiva permitiría escalonar la cuota íntegra estableciendo una diferenciación en las tarifas gravándose con mayor intensidad en los vehículos de naturaleza suntuaria (al tener un valor de adquisición más elevado) frente a los vehículos más económicos (nótese que siguiendo el coeficiente de las tablas de amortización del IS los vehículos se depreciarían como máximo a razón de un 7,1 % anual) junto con la necesidad de graduar la cuota tributaria a pagar en función de las externalidades negativas que produce el uso potencial del vehículo sobre el medio ambiente estableciendo sobre dicha cuota íntegra una bonificación que propugnamos llegase hasta el 75 por 100 en función del grado de contaminación ambiental). Nótese que conforme al Paquete «*Fit for 55*» de la UE para una transición ecológica, el mercado de vehículos de turismos tendrá en el año 2030 que reducir sus emisiones al 55 por 100, para ya en el año 2035 los vehículos puestos a la venta caracterizarse por una "emisión cero".

Séptima.- Supresión del Impuesto sobre determinados medios de transporte.

El establecimiento de dos tributos simultáneos con ocasión de la adquisición de vehículos nuevos (IVA e Impuesto sobre determinados medios de transporte -más conocido como impuesto de "matriculación"-) no incentiva la renovación del parque automovilístico, ni a relajar las altas cuotas de contaminación atmosférica de dióxido de carbono y de nitrógeno (CO2 y NOx) que más daño ambiental producen los vehículos con mayor antigüedad. Por ello, propugnamos una reforma global del Impuesto sobre vehículos de tracción mecánica absorbiendo al impuesto sobre determinados medios de transporte en la línea de lo que se propuso en su momento por la Comisión Europea en la frustrada Directiva sobre la imposición de los vehículos de turismo en la Unión Europea de 5 de julio de 2005 [COM (2005) 261 final]. Por otro lado, propugnamos una reforma de la cuantificación del impuesto al objeto de graduar la cuota del impuesto en función del valor patrimonial del vehículo (en base al principio de capacidad económica), y en función de su impacto ambiental (en base al principio "quien contamina paga").

Octava.- Reformulación de los puntos de conexión del tributo para combatir la competencia fiscal perniciosa de algunos municipios.

Para combatir la "competencia fiscal perniciosa" que se ejerce desde determinados Ayuntamientos cercanos a las grandes capitales turísticas para atraer a las empresas de alquiler de vehículos sin conductor, sería deseable siguiendo las reglas de localización que establece el art. 48. 2 LGT que para las personas físicas se tome como referencia el lugar donde tengan su residencia habitual a efectos de IRPF. No obstante, para las personas físicas con bienes afectos a actividades económicas, así como para las personas jurídicas, debería prevalecer como punto de conexión de sujeción del tributo el lugar donde esté efectivamente centralizada la gestión administrativa y la dirección de las actividades desarrolladas ("*management*" empleando la terminología anglosajona). Así mismo para aquellas empresas dedicadas al transporte de mercancías y personas, a partir de un determinado umbral de flota de vehículos, la cuota podría ser nacional con un tipo único con reparto en función de la población.

IV. IMPUESTO SOBRE CONSTRUCCIONES, INSTALACIONES Y OBRAS (ICIO)

Novena.- Revisión de las partidas que se incluyen y excluyen de la base imponible del ICIO.

Con el fin de reducir las altas cuotas de litigiosidad del *ICIO*, sería deseable incluir en la base imponible los costes directos de las obras (excluyendo los costes indirectos a los que hace referencia el art. 130.3 del Real Decreto 1098/2001, de 12 de octubre, por el que se aprueba el Reglamento general de la Ley de Contratos de las Administraciones Públicas), sin perjuicio de que al objeto de preservar la eficacia recaudatoria pueda elevarse el tipo de gravamen hasta un máximo del 5 por 100. Así mismo, resulta legítimo que para determinar la base imponible en la liquidación provisional puedan utilizarse sistemas de estimación objetiva, pero en ningún caso resultará factible en base al principio de capacidad económica que se mantengan en la liquidación definitiva excepto que sean aceptadas por el sujeto pasivo.

Décima.- Incompatibilidad de los parámetros que deben utilizarse para la configuración de la base imponible en el ICIO y la tasa de licencia urbanística.

Aunque el Tribunal Supremo ha legitimado la compatibilidad del pago del *ICIO* con la *tasa de licencia urbanística* por cuanto dichos tributos gravan hechos imponibles distintos (SSTS. 17 de enero de 1994 (TOL1.691.993), 5 de mayo de 1997 (TOL5.149.022), de 18 de junio de 1997 (TOL195.533), de 27 noviembre de 1997 (TOL5.143.284) y de 26 de noviembre de 1999, entre otras), en aquellos casos en los que la base imponible de dicha tasa esté conformada por un porcentaje del coste total de la obra (que suele oscilar entre el 1,5 y el 2,5 por 100) que es un índice intrínseco de los "impuestos" (en lugar del "coste del servicio de verificación" que debería ser el verdaderamente aplicable) entendemos que este método de cuantificación sería contrario a Derecho siempre que las dos alícuotas sumadas del ICIO más la de la citada tasa superen el límite máximo del 4 por 100 que establece el actual art. 102.3 LRHL.

Décimo primera.- Sujeción de las obras "ilegales" de la tasa de licencia urbanística y el ICIO.

Entendemos que en las obras "ilegales" (aquellas que se realizan de forma furtiva por el dueño de la obra aunque respeten los requisitos exigibles por la legalidad urbanística) cabrá la exigencia de la tasa de licencia urbanística y del ICIO, pues se devengan con independencia de que se haya solicitado la correspondiente autorización ex art. 100.1 LRHL. Por el contrario, en las obras "ilícitas" al permanecer totalmente al margen del planeamiento urbanístico quedaría proscrita la exigencia de ambos tributos al tratarse de un acto nulo de pleno derecho de acuerdo a los artículos 1.255, 1.271 y 1.275 del Código Civil. Además, resultaría incoherente en base a la máxima latina de "*venire contra proprium factum nulli conceditur*", que un administrado tenga que tributar por una construcción que sin embargo se le conmina a demoler justificándose en su ausencia de título urbanístico.

V. IMPUESTO SOBRE EL INCREMENTO DE VALOR DE LOS TERRENOS DE NATURALEZA URBANA

Décimo segunda.- Pandemonium jurídico en relación con las pruebas que han de aportar los administrados para acreditar el "decremento" no sujeto al IIVTNU.

La situación padecida con ocasión de los fallos del Tribunal Constitucional en relación con la inconstitucionalidad y nulidad de determinados preceptos de la denominada "plusvalía municipal" puede tildarse de desafortunada por la incertidumbre jurídica generada. A resultas de los pronunciamientos del Tribunal Constitucional en esta materia desde sus pioneras SSTC. 59/2017 (TOL6.092.482) y 126/2019 (TOL7.587.398) -amén de las relativas a los regímenes forales SSTC. 26 (TOL6.000.116) y 37/2017 (TOL5.989.185)-, hasta la última -STC 182/2021 (TOL8.641.521)- se ha producido un exceso de litigiosidad, que por desgracia ha dado lugar a una disparidad de criterios entre los TSJ. que no han coadyuvado a generar seguridad jurídica. La STS. de 9 de julio de 2018 (TOL6.660.672) y otras posteriores (entre otras, las SSTS. de 21 de noviembre de 2018 -TOL6.940.589-; de 20 de diciembre de 2018 -TOL6.940.589-; ó de 6 de marzo de 2019 -TOL7.119.251-); han disipado ciertas dudas (respecto a la legitimidad para seguir exigiendo dicho impuesto en aquellos supuestos en los que el administrado no pueda acreditar suficientemente el "decremento").

Décimo tercera.- Generación de efecto anuncio perverso a recurrir cualquier acto administrativo para evitar que se convierta en firme y consentido y se pierda la posibilidad de solicitar una devolución de ingresos indebidos por una futura Sentencia del Tribunal Constitucional que declare algún precepto de un tributo inconstitucional y nulo-.

Hubiera sido deseable que el Tribunal Constitucional no hubiera limitado los efectos de la sentencia para aquellas situaciones en la que los administrados mantengan "vivos" los recursos en aras de no tensionar los principios de seguridad jurídica y de tutela judicial efectiva. La limitación de los efectos en la STC. 126/2019 -TOL7.587.398-, excluyendo a aquellas situaciones susceptibles de ser revisadas que a la fecha de la publicación de la misma no hubieran adquirido firmeza por haber sido impugnadas en tiempo y forma, y no haber recaído todavía en ellas una resolución administrativa o judicial firme, resulta desconcertante[1], y no coadyuva

---

1 Sobre el particular, vid. el original de G.ORÓN MORATAL, "La modulación de los efectos de las Sentencias del TC que declaran la incons-

a la pacificación de la problemática, sino que lo aviva, pues proclama un "efecto anuncio" a recurrir por sistema toda disposición controvertida (generando un "flaco favor" en aras de reducir la litigiosidad), con el fin de dilatar en el tiempo dicha cuestión para evitar que en el *ínterin* pueda mientras tanto un tribunal menor dictar una sentencia "firme" sobre la materia que de forma "frustrante" impediría sin embargo, una posible impugnación de la autoliquidación/liquidación por tratarse de *iure* -siguiendo la teoría clásica general del derecho- de un acto firme y "consentido" (sic). Esta situación ha llevado al Tribunal Supremo en Sentencia de 20 de septiembre de 2022 (TOL9.229.922) a negar la devolución de ingresos indebidos de un contribuyente por entender que la autoliquidación de la deuda ingresando dicho importe no era susceptible de ser revisada tras la declaración de inconstitucionalidad, por cuanto el acto de impugnación de dicha autoliquidación era firme y consentido, al no encontrarse todavía "vivo" en el momento en que el Alto Tribunal se había pronunciado sobre su inconstitucionalidad. Y más recientemente, este mismo Tribunal (STS. de 12 de julio de 2023 -TOL9.648.026) ha confirmado la limitación de los efectos de la declaración de inconstitucionalidad contenida en la STC 182/2021 (TOL8.641.521), lo que genera claramente un "efecto anuncio para navegantes" de tener que- recurrir cualquier autoliquidación presentada o liquidación con el fin de evitar que el acto administrativo sea firme y consentido, y de acuerdo a dicha doctrina jurisprudencial vete cualquier impugnación pese a que ulteriormente el Tribunal Constitucional declare cualquier precepto nulo e inconstitucional…

---

titucionalidad de un tributo: Comentarios de urgencia a la luz de la Sentencia de 26 de octubre de 2021 sobre el impuesto de plusvalías", https://www.idluam.org/blog/la-modulacion-de-efectos-de-las-sentencias-del-tc-que-declaran-la-inconstitucionalidad-de-un-tributo-comentarios-de-urgencia-a-la-luz-de-la-sentencia-de-26-de-octubre-de-2021-sobre-el-impuesto-de-pl/.

Para salvar esta situación de incoherencia jurídica, abogamos, haciendo una exégesis del art. 39 LOTC, porque el Tribunal Constitucional dictara sentencias con efectos de ultraactividad transitoria de la norma[2] (lo que abriría la puerta a una posible devolución de ingresos indebidos) tal como así sucede en el Derecho alemán o el austríaco[3]. Entendemos que el Tribunal Constitucional ha realizado una ponderación de bienes en conflicto, sobreponderando el desequilibrio presupuestario de los Ayuntamientos ante la declaración de inconstitucionalidad y nulidad de estos preceptos, frente al interés legítimo también de los administrados de tributar exclusivamente de acuerdo con un sistema tributario justo fundamentado en el principio de capacidad económica y preservando que cualquier imposición tenga un alcance confiscatorio en los términos garantes que reconoce Nuestro Legislador Constituyente.

---

2 A esta conclusión parece llegar también el profesor HERRERA MOLINA, en su trabajo "La banalización de los principios de capacidad económica y no confiscatoriedad por el Tribunal Constitucional (sombras y luces de la STC 126/2019), de 31 de octubre, sobre la segunda inconstitucionalidad de la plusvalía municipal", *Quincena Fiscal,* nº 6, 2020.

3 Esta posición que ya la defendíamos hace ya diez años, abogando para que el Tribunal Constitucional en sus sentencias difiriera los efectos jurídicos de la declaración de nulidad de la norma, declarando vigentes los preceptos declarados inconstitucionales hasta que el legislador (en nuestro caso, a través de la entrada en vigor del controvertido -como venimos denunciando- citado Decreto Ley 26/2021) modificara el precepto a fin de adecuarla a Nuestra Constitución (ultraactividad de la norma inconstitucional mediante la técnica de la "jurisprudencia prospectiva"); cfr. P.CHICO DE LA CÁMARA, "Consecuencias de la declaración de nulidad de una norma tributaria", en la obra colectiva *Del Derecho de la Hacienda Pública al Derecho Tributario. Estudios en honor a Andrea Amatucci,* volumen IV, Temis, 2011, págs. 473 y 474),

Décimo cuarta.- La doctrina del Tribunal Supremo confirma la imposibilidad de poder exigir responsabilidad patrimonial del Estado legislador cuando el recurso ya no permanezca "vivo", cuando no se haya alegado la inconstitucionalidad de la norma en las alegaciones, o cuando aún alegándose, no haya sido acreditado el "decremento de patrimonio" generado en perjuicio del contribuyente

La jurisprudencia mayoritaria del Tribunal Supremo (entre otras, SSTS. De 5 -TOL9.155.969- y de 2 -RC 43/2023-, y 1 de febrero de 2024 -RC 55/2023-; de 18 -RC 8522/2021, y 5 de diciembre de 2023 -RC 1633/2022; y de 12 y 13 de julio de 2023 -RC 4701/2022 y RC 215/2022) en un primer momento no reconoció la responsabilidad patrimonial del Estado legislador con fundamento en la declaración de inconstitucionalidad de Nuestro más Alto Tribunal respecto del régimen de cuantificación de la denominada "plusvalía municipal" cuando concurriera alguna de estas situaciones consolidadas: que las liquidaciones no hubieran sido impugnadas a la fecha de dictarse la sentencia del Tribunal Constitucional, o en los casos que se tratase de un régimen de autoliquidación que no se haya solicitado la rectificación en los términos que establece el art. 120.4 LGT; o que habiéndose impugnado dicha liquidación, no permaneciera vivo el recurso, así como que tras impugnándose, no se incluyese entre las alegaciones este motivo de inconstitucionalidad.

Ahora bien, tras la STC. 108/2022, de 26 de septiembre ha vigorizado los efectos de nulidad de los preceptos declarados inconstitucionales, generando efectos *ex nunc*, lo que ha llevado a variar la posición del Tribunal Supremo estimando las pretensiones del administrado en aquellos casos en los que éste lejos de aquietarse, haya recurrido la autoliquidación/liquidación del tributo, sin que se encuentre consolidada dicha situación (SSTS. de 13 de julio de 2023 -RC 4136/2022-, de 20 de septiembre de 2023 -RC 3962/2021-, de 2 de noviembre de 2023 -RC 4087/2021-; de 27 de noviembre de 2023 RC -7449, 2021-, de 11 de diciembre de 2023 -RC -4239/2021-; de 8 de enero de 2024 -RC 8477/2021- y las últimas que hasta ahora hemos conocido de 4 de marzo de 2024 -RC 188/2023 y 435/2023)[4].

Así las cosas, para aquellos casos en los que concurra una actuación firme y consentida por no haberse impugnado en un plazo de cuatro años la autoliquidación de acuerdo a los arts. 14.1.a) LRHL y 120.3 LGT, o bien la liquidación en un plazo de un mes, a través de uno de los procedimientos generales de revisión (a saber, recurso de reposición del art. 202 LGT, o reclamación económico-administrativa de los arts. 234 y ss. LGT), la doctrina jurisprudencial dictada conmina a que se recurra todo acto administrativo por sistema, alegando expresamente la inconstitucionalidad de la norma para preservar que el recurso se encuentre todavía "vivo" con ocasión de una previsible declaración de inconstitucionalidad de Nuestro máximo intérprete de la Constitución. Es evidente que esta situación genera un "efecto anuncio" que podríamos tildar de perverso, no coadyuvando en absoluto como venimos señalando a reducir la litigiosidad de nuestros Tribunales, e invitando a que los recurrentes traten de dilatar al máximo los procesos para evitar que el acto administrativo pueda convertirse en "fir-

---

4 Nótese que recientemente el Tribunal Supremo se ha posicionado a favor de calificar la situación de "consolidada", y por ende, de no recurrible, en un supuesto en el que el administrado impugnó su autoliquidación/liquidación con posterioridad a que se dictase la STC. 182/2021, de 26 de octubre, pero en todo caso antes de la fecha de su publicación en el BOE el día 25 de noviembre de 2021; SSTS. de 11 de marzo de 2024 (RC 435/2023). Por el contrario, no lo ha entendido así en un caso en el que el administrado recurrió en reposición antes de que el Tribunal Constitucional dictara dicha sentencia el día 26 de octubre de 2021, y en el que el Ayuntamiento de Santander no resolvió, desestimándose tácitamente por silencio negativo, por cuanto a juicio del Tribunal Supremo, la Administración tenía en todo caso obligación de resolver dicho expediente (STS. 8 de marzo de 2024 -RC 6472/2022-).

me" y "consentido", cercenando las mínimas probabilidades de que llegado el momento los Tribunales reconozcan una indemnización justa por la responsabilidad patrimonial del Estado[5].

Décimo quinta.- Mantenimiento en la redacción actual de la LRHL de la incoherencia técnica de tomar como referencia el valor catastral en el momento del devengo del IIVTNU (en lugar del año en que se adquirió).

Valoramos negativamente el régimen actual aprobado tras la promulgación del RDL. 26/2021, pues si lo que pretendemos es cuantificar el "incremento de valor" *experimentado* (es decir, con origen en un período pretérito de tiempo) desde que se adquirió en origen el inmueble hasta que se transmite, no puede tomarse como referencia el valor catastral del año de la venta (es decir, a la fecha del devengo del impuesto), sino en el momento en que fue adquirido. Nótese que, de acuerdo al art. 104 LRHL, el objeto del tributo es someter a gravamen "el incremento de valor que experimenten dichos terrenos y se ponga de manifiesto a consecuencia de la transmisión de la propiedad de los terrenos por cualquier título". Ahora bien, en orden a su cuantificación (de acuerdo con el art. 107 LRHL) el cálculo parte de un error de base como es determinar dicho "incremento" no de forma retrospectiva, sino prospectivamente, lo que genera tensión con

---

5 Para CAMPOS MARTÍNEZ, la valiosa acción judicial desplegada por el Tribunal Supremo, ha de convertirse en la única vía para alcanzar la tutela judicial efectiva, cuando el mismo sistema tributario muestra visos, al menos en teoría, de grandes valores proteccionistas del contribuyente, que por una interpretación restrictiva y tecnicista se han dejado a un lado con el fin de salvaguardar los elementos económicos del sistema, desatendiendo sus valores, principios y fundamentos esenciales; cfr. Y. A. CAMPOS MARTÍNEZ, *La responsabilidad patrimonial del Estado legislador por vulneración del Derecho de la Unión Europea en materia tributaria,* Atelier, Barcelona, 2023, pág. 379.

el principio de capacidad económica si lo que pretende gravarse es un hecho cierto y real, no futuro e irreal. Así las cosas, el intervalo temporal a determinar vendría por fijar como *dies a quo* (fecha de inicio del cómputo) el año en que se adquiere el inmueble, y como *dies ad quem* (fecha final de cálculo) el año en que se transmite. Sin embargo, en orden a determinar el "incremento de valor del terreno" que el legislador someterá a gravamen, se ha decidido intencionalmente prescindir de su valor real estableciendo una fórmula objetiva que no se ajusta a la capacidad económica en los términos que establece el Tribunal Constitucional en su STC. 182/2021, de 28 de octubre.

Esta falta de coherencia intencionada del legislador consideramos que debería poder ser impugnada con cierta esperanza de éxito ante los Tribunales, con el permiso del Tribunal Supremo, que en los últimos años sin embargo ha preferido eludir la cuestión justificando que el legislador tiene cierta "discrecionalidad técnica" para el cálculo del "incremento" (SSTS. De 10 de junio de 2019 -TOL7.313.793- y de 19 de mayo de 2020 -TOL7.947.571-). Sin embargo, ha de añadirse que dicha discrecionalidad no es absoluta, sino que está sometida al control de constitucionalidad en base a la doctrina principialista que con buen criterio ha servido al Tribunal Constitucional durante estos últimos años para vigorizar los principios de capacidad económica y no confiscatoriedad aplicados a este tributo.

Décimo sexta.- Sustitución de la actual y litigiosa "plusvalía municipal" por un nuevo impuesto sobre las plusvalías inmobiliarias

La excesiva litigiosidad creada por la exigencia de la denominada "plusvalía municipal" invita a la reformulación de la actual exacción por un nuevo "impuesto municipal sobre las plusvalías inmobiliarias" (IMPI), sometiendo a gravamen todos aquellos incrementos de valor de los inmuebles con ocasión de la transmisión onerosa o gratuita incluyendo la corrección del fenómeno inflacionario que haya experimentado dicho activo[6]. La Sentencia del Tribunal Constitucional 67/2023, de 6 de junio, admite que el legislador tributario pueda discrecionalmente no tener en cuenta la inflación que se produce con ocasión de la transmisión de un inmueble en IRPF, por lo que podría resultar perfectamente aplicable a la regulación actual del Impuesto sobre el incremento de valor de los terrenos de naturaleza urbana por cuanto la redacción vigente en orden al cálculo de la plusvalía por el sistema de "estimación directa" no establece ningún mecanismo tampoco para corregir la inflación.

Ahora bien, para evitar la doble imposición jurídica que se produciría sobre el transmitente al soportar una sobreimposición de la Administración estatal (con ocasión de la enajenación de un bien de forma onerosa o lucrativa *inter vivos*), ó autonómica (con ocasión de la adquisición de una herencia o una donación), y local debería permitirse deducir del valor de transmisión en el Impuesto estatal sobre la renta la cuota pagada por dicho tributo

---

6 Nótese que el Tribunal Constitucional había admitido la cuestión de inconstitucionalidad 3823/2022, planteada por la Sala de lo contencioso-administrativo del TSJ. De Andalucía (Málaga), por la posible inconstitucionalidad del apartado 21 del artículo primero de la Ley 26/2014, de 27 de noviembre, por la que se modifica la Ley 35/2006, de 28 de noviembre, del Impuesto sobre la Renta de las Personas Físicas, introduciéndose una nueva redacción al art. 35.2 de la Ley 35/2006, de 28 de diciembre, del IRPF, suprimiendo los coeficientes de corrección monetaria para la actualización del valor de adquisición de los bienes inmuebles a efectos del cálculo de la ganancia patrimonial, por posible lesión al principio constitucional de capacidad económica. Sin embargo, el Tribunal Constitucional ha considerado en la STC. 67/2023, de 6 de junio (TOL9.630.068), que no resulta inconstitucional dicho precepto introducido por la Ley 35/2006, del IRPF.

municipal siempre que haya sido satisfecha por el transmitente.

VI. IMPUESTOS SOBRE ACTUACIONES NO RESPETUOSAS CON LA SOSTENIBILIDAD AMBIENTAL

Décimo séptima.- Creación de nuevos impuestos potestativos que graven distintas actuaciones que produzcan daños al ecosistema

Proponemos la promulgación por parte del Estado de una ley de bases para la protección ambiental armonizando esta materia para las Comunidades Autónomas y Corporaciones Locales de conformidad con los arts. 149.1.23° y 150.3 CE.

Así las cosas, sería deseable que en la reforma de la LRHL, el Estado tuviera a bien incorporar un nuevo impuesto potestativo sobre estancias turísticas con un importe máximo a exigir de pernoctación de 5 €/día, al objeto de cubrir una doble finalidad: coadyuvar a la financiación de determinados servicios públicos de los que se benefician los turistas cuando viajan (v.gr. seguridad ciudadana, limpieza viaria y de playas, transporte público); e internalizar en base al principio "quien contamina paga" los costes potenciales de los daños de contaminación sobre aquellos sujetos que más contribuyen a estos comportamientos menos respetuosos con el medio ambiente. En este sentido, sería deseable que la recaudación se afectara totalmente a fines de sostenibilidad ambiental. Así mismo, dicho impuesto podría transformarse en forma de recargo municipal en aquellos casos en los que la CCAA hubiera ejercido dicha competencia ambiental[7]. Ahora

---

7 Siguiendo a G. CASADO OLLERO, "los recargos se traducen en prestaciones pecuniarias de carácter tributario, pero no son tributos en sentido estricto, sino "recargos sobre tributos", esto es, mecanismos

bien, dicha ley de bases a efectos de su necesaria armonización establecería el importe máximo exigible, la posibilidad de establecer una bonificación fiscal (fijando el límite máximo cuantitativo) para aquellos alojamientos más sostenibles ambientalmente (por el aprovechamiento de energías renovables -v.gr. colectores solares- en su ejercicio), y la obligatoriedad de destinar el 100 por 100 de la recaudación a fines ambientales.

En esta misma línea, también podría habilitarse a los Ayuntamientos para que impulsaran determinados tributos que coadyuvaran a la sostenibilidad ambiental, como podría ser entre otros, el establecimiento de un impuesto sobre los aerosoles de pintura para coadyuvar al ayuntamiento a financiar los gastos ingentes que se generan anualmente por la aparición de *grafitis* en la vía pública a fin de obtener un fondo que combata este "enlucimiento" de las fachadas. La mecánica de liquidación del tributo podría producirse en el momento de la adquisición del producto, pudiendo gestionarse dichos recursos en todo caso a través de una transferencia periódica del Estado a las Diputaciones Provinciales, en aquellos casos que las Comunidades Autónomas no hubieran asumido dicha competencia.

---

técnicos para incrementar una prestación tributaria que, cuando se establecen en favor de un ente distinto del titular del tributo, se erigen en recursos tributarios, en técnicas de financiación del ente público que los percibe. En definitiva, se trata de recursos tributarios de carácter participativo"; cfr. La participación de los tributos del Estado y de las Comunidades Autónomas. Autonomía. Suficiencia financiera. Coordinación, *Revista Tributos Locales*, nº 19, 2002, pág. 28.

VII. TASAS Y OTRAS PRESTACIONES PATRIMONIALES PÚBLICAS NO TRIBUTARIAS

Décimo octava.- Nuevos gravámenes ambientales para fomentar la economía circular.

Resulta plausible desde la óptica ambiental del principio "quien contamina paga" el establecimiento a través de la Ley 7/2022, de 8 de abril, sobre residuos y suelos contaminados para una economía circular, de determinadas exacciones (bajo la forma de tasas o tarifas), para financiar por parte de los Entes Locales la recogida, transporte y tratamiento de los residuos (art. 12.5). En la mayor parte de los municipios, dicho gravamen será configurado a través de una "prestación patrimonial pública no tributaria" (tarifa) por la imposibilidad del propio Ayuntamiento de poder gestionar con eficiencia esta función quedando en manos de una empresa privada la ejecución de esta función.

Décimo novena.- Prestaciones patrimoniales públicas no tributarias y garantías para los administrados.

El legislador no puede caprichosamente configurar indiscriminadamente prestaciones patrimoniales públicas no tributarias, sino que dicho ejercicio estará en todo caso sometido a un control jurisdiccional en base al principio de proporcionalidad, permitiéndose acudir a este recurso siempre que no exista otra vía de financiación que permita obtener el mismo resultado con una menor injerencia sobre el derecho de propiedad.

Vigésima.- Nueva tasa por despliegue policial especial por acontecimientos de interés público

En base al carácter sinalagmático de las tasas, resulta razonable que todos aquellos servicios que requieran de un dispositivo especial de policía nacional y local, así como de limpieza, sin que se beneficie toda la colectividad sean internalizados sobre aquella entidad privada organizadora. Así por ejemplo, los costes adicionales de vigilancia y limpieza derivados de un espectáculo deportivo serían financiados por el sujeto titular del lugar donde se celebra el evento o espectáculo) sin perjuicio de que éste por la vía privada pueda a su vez trasladar dichos costes entre todos los beneficiarios o participantes de este evento (promotor del evento, y éste a su vez a los asistentes). En esta misma línea, también podrían derivarse dichos costes para el caso de manifestaciones ilegales (es decir, sin autorización pública)[8].

Vigésimo primera.- Nuevas tasas por la ocupación del demanio público por la expedición de productos a través de máquinas automatizadas (*"vending machines"*)

El Tribunal Supremo de forma controvertida (STS. de 27 de octubre de 2022) ha limitado la posibilidad de que los ayuntamientos puedan exigir una tasa por el aprovechamiento especial del dominio público generado con ocasión del despacho manual o automatizado de productos en situaciones preceptivas de guardia farmacéutica. Ahora bien, *sensu contrario*, extramuros de estos casos, queda vía libre expedita para que cualquier ayuntamiento pueda exigir tasas con ocasión de la ocupación del demanio público de clientes a través de máquinas expendedoras de productos (*"vending machines"*).

Vigésimo segunda.- Reformulación para la cuantificación de las tasas sobre servicios de suministros energéticos

Disipado por el Tribunal Supremo cualquier atisbo de duda respecto de la legitimidad de que todas las entidades de servicios de suministros energéticos tengan que

---

8 Por el contrario, descartamos su aplicación también a manifestaciones organizadas legalizadas por no generar tensión con el derecho constitucional de huelga.

abonar una tasa por la ocupación del dominio público, el nudo gordiano de la cuestión reside en determinar cuál es el valor de mercado en aquellos supuestos de utilización privativa así como aprovechamientos especiales de dominio público de los postes de telecomunicación, tendidos eléctricos, oleoductos, así como canalones pluviales. En aras de reducir la alta cuota de litigiosidad abogamos como fórmula de simplificación para que el legislador tributario tuviera a bien aplicar el régimen actual forfetario de la "tasa del 1,5 por 100" (art. 24.1.c) LRHL) al que están sometidas las operadoras de telecomunicaciones extendiéndose al resto de entidades de suministros energéticos.

VIII. CONTRIBUCIONES ESPECIALES

Vigésimo tercera.- Se propone un uso más recurrente del recurso tributario de las contribuciones especiales a fin de que los sujetos pasivos del tributo se hagan corresponsables de la financiación de la obra que se realiza en su beneficio. Ahora bien, aunque existe doctrina consolidada del Tribunal Supremo, sería deseable que la LRHL incluyera expresamente la concurrencia del beneficio "especial" que ha de generarle al sujeto a efectos de su exigencia.

Cuadro resumen de propuestas

Entendemos que la futura reforma podría incidir en los siguientes aspectos que trufamos de forma sintética:

IMPUESTO SOBRE BIENES INMUEBLES:

- Ambientalización del impuesto estableciendo coeficientes correctores (al alza y a la baja en función de la sostenibilidad ambiental del edificio).
- Valoración sobre la aplicación de una fórmula *forfetaria* en base a un tanto por ciento del mismo "valor de referencia" para la determinación de la base imponible del impuesto.
- Implementación de un nuevo impuesto potestativo sobre viviendas desocupadas, así como del establecimiento de un recargo en la cuota del IBI en las denominadas "áreas de promoción económica".

IMPUESTO SOBRE ACTIVIDADES ECONÓMICAS

- Opciones de reforma mediante la revisión de los umbrales de exención hasta los 600.000 € de cifra de negocio en línea con lo que establece el IRPF para la obligación de cuantificar la base imponible de empresarios y profesionales por estimación directa normal.
- Extensión de la obligación de tributación sobre esa cifra de negocio también para las personas físicas. Los servicios que presta el ayuntamiento a los sujetos que ejercen una actividad económica no justifica su sujeción para unos sujetos (entidades mercantiles) frente a aquellos que ejercen esta misma actividad siendo personas físicas. No encontramos ninguna justificación técnica para mantener esta discriminación por razón del sujeto en atención a la capacidad económica proclamada en el art. 31.1 CE.
- Implementación en las tarifas de una base gradual a través de un coeficiente multiplicador o reductor en función de la incidencia en el medio ambiente de dicha actividad económica.
- Prorrateo de las cuotas por "meses" en los casos de alta y baja en el censo.

IMPUESTO SOBRE VEHÍCULOS DE TRACCIÓN MECÁNICA

- Ambientalización del impuesto con el establecimiento de una tarifa gradual en función del impacto ambiental del vehículo sobre el medio ambiente.

- Con el fin de evitar la deslocalización fiscal de vehículos en el padrón de Ayuntamientos con una presión fiscal mínima, sería conveniente que para las personas físicas se tomara como referencia el lugar donde tengan su residencia habitual. No obstante, para las personas físicas con bienes afectos a actividades económicas, así como para las personas jurídicas, debería prevalecer como domicilio fiscal el lugar donde esté efectivamente centralizada la gestión administrativa y la dirección de las actividades desarrolladas. Así mismo, para aquellas empresas dedicadas al transporte de mercancías y personas, a partir de un determinado umbral de flota de vehículos, la cuota podría ser nacional con un tipo único con reparto en función de la población.

IMPUESTO SOBRE CONSTRUCCIONES, INSTALACIONES Y OBRAS:

- Implementación de distintos tipos de gravamen en función del grado de sostenibilidad ambiental de la construcción, instalación u obra.
- Mayor concreción de los elementos que integran la base imponible gravando únicamente los costes "directos", y excluyendo los "indirectos" a fin de reducir las altas tasas de litigiosidad del tributo.

IMPUESTO SOBRE EL INCREMENTO DE VALOR DE LOS TERRENOS DE NATURALEZA URBANA

- Reconfiguración del actual tributo a un nuevo impuesto potestativo sobre las plusvalías inmobiliarias (IMPI), sometiéndose a gravamen todos aquellos incrementos de valor de los inmuebles con ocasión de su transmisión onerosa o gratuita siendo deducible la cuota pagada al determinar la ganancia de patrimonio neta en los distintos impuestos sobre la renta.

IMPUESTOS SOBRE ACTUACIONES NO RESPETUOSAS CON EL MEDIO AMBIENTE

- El Estado podría reordenar la tributación territorial ambiental a través de una ley de bases, y habilitar a los Ayuntamientos para que implementen bajo la naturaleza de impuestos determinadas prestaciones patrimoniales públicas coactivas de naturaleza tributaria que tengan como denominador común combatir conductas que no sean respetuosas con el medio ambiente reforzando así mismo el principio de autonomía local, de entre los cuales podríamos citar los siguientes:

  1. Establecimiento de un nuevo impuesto municipal potestativo sobre estancias turísticas (internalizando sobre aquellos sujetos que se alojan en un establecimiento turístico una parte de los costes de financiación de dichos servicios públicos), así como un recargo municipal sobre la tasa de atraque en puertos a fin de que los turistas de viajes sin pernoctación contribuyan igualmente a la financiación de dichos servicios públicos que disfrutan al igual que los residentes.

2. Así mismo, de entre las distintas situaciones que producen estas externalidades negativas, el Estado también podría autorizar a los ayuntamientos a que pudiesen crear un impuesto que grave la adquisición de aerosoles (sprays) a fin de desincentivar el uso de grafitis, allegando fondos en un primer momento al Estado pero que serían ulteriormente transferidas a las Diputaciones Provinciales (a través de las transferencias corrientes de la Administración General del Estado) para contribuir financieramente a la limpieza viaria.

TASAS

- Reconfiguración del método de cuantificación de aquellas tasas que están generando una gran litigiosidad (entre otras, la tasa sobre el tendido eléctrico, la tasa del 1,5 % sobre compañías de suministros, ó la tasa por servicios urbanísticos) estableciendo una formula fija para el gravamen de aquellas tasas aplicables a todas las empresas de suministros de bienes y servicios (incluida también la compañía telefónica nacional de España).
- Habilitación tácita tras la promulgación de la STS. de 27 de octubre de 2022 para que los Ayuntamientos puedan establecer tasas por la ocupación del dominio público por la expedición de productos a través de máquinas expendedoras (*"vending machines"*), o por actuaciones publicitarias especiales (o de *"street marketing")*, localizadas en la vía pública.

PRESTACIONES PATRIMONIALES PÚBLICAS NO TRIBUTARIAS

- Reordenación de este nuevo recurso financiero para las Administraciones Públicas a fin de preservar los principios constitucionales. El art. 11.3 de la Ley 7/2022, habilita a los municipios a establecer prestaciones patrimoniales públicas no tributarias ("tarifas") para financiar la recogida, transporte y tratamiento de los residuos sólidos urbanos, exacciones que podrán gestionarse a través de sociedades municipales o entidades privadas. Sería deseable que tras la promulgación por parte del Estado de una ley de bases en materia de tributación ambiental, las Comunidades Autónomas que tienen también competencias en materia de gestión de protección al medio ambiente (ex art. 148.1.9ª CE) pudieran coadyuvar al reciclaje así como al compostaje de dichos residuos.

CONTRIBUCIONES ESPECIALES

- Revitalización de este tributo como fuente de ingresos eficaz para financiar obras en pro de la dinamización de determinadas zonas deprimidas o aisladas fomentando nuevas "áreas comerciales urbanas", ó favoreciendo la ampliación de "zonas verdes" a fin de reducir los efectos perniciosos del cambio climático. La ejecución de obras sostenibles ambientalmente que generen directamente un aumento de valor de los bienes inmuebles podría cofinanciarse por los Ayuntamientos y los especialmente beneficiados (v.gr. acondicionamiento de aparcamientos exteriores nominados para varios sujetos con puntos de recarga de vehículos eléctricos).

Bibliografía consultada

AGUADO MANZANARES,S. y CÁMARA BARROSO,C., La financiación local en España. Especial referencia a la plusvalía municipal", CEF, 2019.

ALBIÑANA GARCÍA QUINTANA, C., "Los impuestos potestativos en la nueva Ley de Haciendas Locales: notas críticas", *La Ley*, nº 2269, 1989, págs. 2 y ss.

ALGUACIL MARI, P., "Acerca de la flexibilidad de la reserva de ley en materia tributaria", *Civitas. Revista Española de Derecho Financiero*, nº 101, 1999, págs. 32 y ss.

ALONSO GIL, M. "Los procedimientos de gestión tributaria en las tasas locales", en la obra colectiva *Las tasas locales,* Thomson Reuters, Aranzadi, Civitas, Madrid, 2011.

- "La anómala tributación de la vivienda vacía: especial referencia a las medidas de gravamen en el ámbito local", *Revista Tributos Locales,* nº 132, 2017, págs. 37 y ss.
- "La comprobación de la liquidación definitiva del ICIO", *Revista Tributos Locales,* n 148, 2020, págs. 24 y ss.
- "La tasa por ocupación del dominio público local exigible a las operadoras de telefonía fija a la luz de la reciente jurisprudencia del Tribunal Supremo", Revista *Tributos Locales,* nº 151, 2021, págs. 101 y ss.
- "Apología contracorriente de un impuesto sobre actividades económicas reformado", *Revista Tributos Locales,* nº 160, 2023.

ALONSO GÓMEZ, R. "Dos nuevos impuestos medioambientales para el 2023 sobre la reducción y gestión de residuos (Ley 7/2022)", *Actualidad Jurídica Aranzadi,* 982, 2022.

ALONSO MURILLO, F., "La tasa por el aprovechamiento especial del dominio público local a favor de la empresa transportista de electricidad", en el número monográfico sobre la materia *La tasa municipal sobre la ocupación del dominio público por el tendido eléctrico,* Monografías nº 2, 2014, págs. 15- 37.

BALLARÍN ESPUÑA,M. y MACHO PÉREZ, A.B., "La deslocalización masiva de vehículos: límites a la elección y al cambio de domicilio en la gestión del Impuesto sobre vehículos de tracción mecánica", en la obra colectiva *Problemática de los procedimientos tributarios de las Haciendas Locales,* Dirección: F. Serrano Antón, Civitas, Madrid, 2012.

BANACLOCHE PALAO, C., *El Impuesto sobre vehículos de tracción mecánica,* Aranzadi, Pamplona, 2013.

BLANCO GARCÍA, A.J. DEL, "Análisis de la situación actual del valor de referencia de los inmuebles y su impacto fiscal", Revista Tributos Locales nº 166, 2024, págs. 169 y ss.

BLANCO GARCIA, A.J. DEL y GARCÍA CARRETERO, B., "Cuestiones controvertidas y propuestas de reforma del IIVTNU", *Revista Tributos locales,* nº 122, 2015, págs. 63-72.

- *IIVTNU: Análisis crítico y propuestas de reforma,* Reus, Barcelona, 2021.

BORJA SANCHÍS,A., "Los impuestos sobre estancias turísticas en España", *Quincena Fiscal,* nº 18, 2017.

CAMPOS MARTÍNEZ, Y.A., *La responsabilidad patrimonial del Estado legislador por vulneración del Derecho de la Unión Europea en materia tributaria,* Atelier, Barcelona, 2023.

CAÑAL,F. y ROZAS,J.A., *Informe sobre la financiación de los entes locales,* 2012. Dicho informe se encuentra disponible "en abierto": *https://diposit.ub.edu/dspace/handle/2445/33205*

CALVO VERGEZ, J., "Las contribuciones especiales", en la obra colectiva *Los tributos locales y el régimen fiscal de los ayuntamientos,* Lex Nova, Valladolid, 2014, págs. 571 y ss.

CARPIZO BERGARECHE, J., "Incidencia local de los impuestos autonómicos sobre actividades contaminantes", *Documento de trabajo* 3/2023, IEF.

CARPIZO BERGARECHE, J. y CHECA, T., *La fiscalidad del sector de la energía eléctrica en la actualidad.* Ernst &Young y Fundación Naturgy, Madrid, 2022.

CASADO OLLERO,G., "La participación en los tributos del Estado y de las Comunidades Autónomas. Autonomía. Suficiencia financiera. Coordinación", *Revista Tributos Locales,* nº 19, 2002.

- La financiación de los municipios. Experiencias comparadas, Dykinson, Colección Instituto de Derecho Comparado, Madrid, 2005.

CAZORLA PRIETO, L.Mª., *Impuesto sobre Actividades Económicas y Deporte,* Aranzadi, 1996.

CORDERO GONZALEZ, E. *Las bases imponibles negativas en el Impuesto sobre Sociedades,* Aranzadi, Pamplona, 2017.

CRUZ AMOROS,M. "Apuntes sobre las prestaciones patrimoniales públicas no tributarias", *Actum Fiscal,* nº 189, 2022, págs. 41 y ss.

CUBERO TRUYO, A. M. (dir.), Evaluación del sistema tributario vigente. Propuestas de mejora en la regulación de los distintos impuestos, Aranzadi, 2013.

CHAMORRO GONZÁLEZ J.Mª., "El recargo del IBI sobre bienes de uso residencial desocupados con carácter permanente", *Revista Tributos locales,* n.º 120, 2015, págs. 29 y ss.

CHICO DE LA CÁMARA, P., "Consecuencias de la declaración de nulidad de una norma tributaria", en la obra colectiva *Del Derecho de la Hacienda Pública al Derecho Tributario. Estudios en honor a Andrea Amatucci,* volumen IV, Temis, 2011.

- "Impuesto sobre vehículos de tracción mecánica", en la obra colectiva *Los Tributos locales y el régimen fiscal de los Ayuntamientos,* Lex Nova, Valladolid, 2014, págs. 183 y ss.
- "Argumentos que cuestionan la legalidad de la tasa por la ocupación del tendido eléctrico y líneas de actuación futura a la luz de los fallos del Tribunal Supremo sobre la materia", en el número monográfico sobre la materia *La tasa municipal sobre la ocupación del dominio público por el tendido eléctrico,* Monografías nº 2, 2014, págs. 38- 84.
- Un comentario a las modificaciones llevadas a cabo a través del Real Decreto Ley 26/2021, de 8 de noviembre, puede encontrarse en nuestro trabajo "Algunos comentarios de urgencia a la remozada *"plusvalía municipal":* crónica de una muerte anunciada *(ius condendum)", Tributos Locales,* nº 153, 2021, págs. 346-366.
- "Una vía indirecta extramuros de la esfera propiamente local para ambientalizar el uso de vehículos de tracción mecánica"; *Tributos Locales,* nº 156, 2022, págs. 29 y ss.
- "Propuestas en materia de configuración de tasas para una reforma de la tributación local", *Revista El Consultor de los Ayuntamientos,* nº 2, 2024.

DELGADO MERCÉ, A. "El procedimiento de inspección tributaria en las tasas locales", en la obra colectiva *Las tasas locales,* Thomson Reuters, Civitas, Madrid, 2011.

DELGADO MERCÉ, A. y ALONSO GIL,M. "La base imponible del ICIO: aspectos polémicos en torno a la maquinaria e instalaciones y a las bajas de adjudicación", *Revista Tributos Locales,* nº 86, 2009, págs. 61 y ss.

DELGADO MERCÉ,A., y RODRÍGUEZ SERRANO,M., "El IAE", en la obra colectiva *Los tributos fiscales y el régimen fiscal de los Ayuntamientos,* Lex Nova, Valladolid, 2014.

ESTEBAN CABRERA, M. y SÁNCHEZ MALDONADO,J. *Una propuesta de financiación municipal.* Papeles de trabajo, IEF, nº 28, 2007.

FERNÁNDEZ DE BUJÁN Y ARRANZ, A. "Aspectos medioambientales del nuevo impuesto especial sobre envases de plástico no reutilizables", *Documento de trabajo,* 3/2023, IEF, págs. 199 y ss.

FERNANDEZ JUNQUERA, M, «Divergencias jurisprudenciales relativas al recargo sobre determinadas viviendas en el IBI» Revista *Tributos locales,* núm. 120, 2015, págs. 13 y ss.

FERNÁNDEZ LÓPEZ, R.I. "Los beneficios fiscales condicionados a la presentación de declaraciones tributarias", *Quincena Fiscal,* nº 19, 2019.

FRAILE FERNÁNDEZ, R. "La liquidación definitiva del ICIO. Especial atención a los casos en que la liquidación provisional siguió el método de estimación objetiva y al empleo de bases de datos de Colegios Profesionales", *Revista Tributos Locales,* 144, 2020

- "Propuesta de impuesto local sobre estancias turísticas", *Revista Tributos Locales,* nº 149, 2021, págs. 11 y ss.

GALÁN RUIZ, J., "La determinación de la base imponible en el ICIO: especial referencia a la competencia para la práctica de la liquidación definitiva y a la determinación de la base imponible por el sistema de módulos", *Revista Tributos Locales,* nº 78, 2008.

GALÁN RUIZ, J., y BANACLOCHE PALAO,C., "El Impuesto sobre construcciones, instalaciones y obras", en la obra colectiva dirigida por P.CHICO y J.GALÁN, *Los tributos locales y el régimen fiscal de los Ayuntamientos,* Lex Nova, Valladolid, 2014.

GAGO RODRÍGUEZ, A.; LABANDEIRA VILLOT, X. y LÓPEZ OTERO, X., "Taxing vehicle use to overcome the problems of conventional transport taxes", en Villar Ezcurra, Milne y Ashiabor, 2019.

GALAPERO FLORES,R. "El recargo en el IBI sobre las viviendas desocupadas", *Revista Tributos Locales,* nº 128, 2019, págs. 129-147.

GARCÍA BERRO,F., "El IIVTNU: cuestiones pendientes tras la reforma de las Haciendas Locales", *Revista Tributos Locales,* nº 34, 2003, págs. 11 y ss.

GARCÍA CARRETERO,B., "Nuevas cuestiones en torno al Impuesto sobre estancias turísticas en las Islas Baleares y de medidas de impulso del turismo sostenible al hilo de la STJ de las Islas Baleares 36/2020, de 27 de enero", *Nueva Fiscalidad,* nº 2, 2020.

- "La concesión de la obra pública en el ámbito local .Especial referencia al IBI", *Quincena Fiscal,* nº 4, 2011, págs. 53-73.
- "La reformulación del IIVTNU y la posibilidad de incluir consideraciones ambientales", *Documentos IEF,* nº 7, 2021, IEF.

GARCÍA CARRETERO,B. y GARCÍA DEL BLANCO,A., "Diseño de un nuevo impuesto sobre las emisiones de CO2 de los bienes inmuebles", Documento de trabajo, 3/2023, IEF, págs. 211 y ss.

GARCÍA-HERRRERA BLANCO. C. y RODRÍGUEZ MÁRQUEZ,J., "Ideas para una reforma fiscal en España", Revista *El crónista del Estado social y democrático de Derecho,* número 44, 2014, págs. 44-53.

GARCÍA MARTÍNEZ,A., "El IAE en la actividad de promoción inmobiliaria", *Revista de Contabilidad y Tributación,* nº 276, 2006, págs. 117 y ss.

- "El Impuesto alemán sobre bienes inmuebles: líneas de reforma", *Revista Tributos Locales,* nº 92, 2010.
- "La competencia fiscal en el ámbito del Impuesto sobre vehículos de tracción mecánica", en la obra colectiva *competencia fiscal y sistema tributario: dimensión europea e interna,* Thomson Reuters Aranzadi, 2014.

GARCÍA- MONCÓ, A. "Los valores de referencia ¿con referencia a qué? El problema de la comprobación de valores y la base imponible de los Impuestos sobre Sucesiones, Donaciones y Transmisiones", en la obra colectiva dirigida por P.Chico y J. Galán, La Ley 11/2021,de represión y fraude fiscal, Aranzadi, 2021.

GARCÍA NOVOA, C., "Aproximaciones al objeto de imposición en el Impuesto municipal sobre vehículos de tracción mecánica", *Revista Tributos Locales,* nº 83, 2008, págs. 11 y ss.

- "La liquidación provisional en el ICIO", en *Tributos Locales,* núm. 118, 2015.
- "Las llamadas tasas turísticas y la Hacienda Municipal", *Revista Tributos Locales,* nº 164, 2023, págs. 11 y ss.

GARCÍA ROZADO,B., "La renovación de la fiscalidad medioambiental: hacia una coordinación eficiente", en la obra *Libro Blanco para la reforma fiscal en España,* Instituto de Estudios Económicos, 2022.

GOMAR SÁNCHEZ, J.I., "El informe económico-financiero y las tasas locales. Aspectos jurídicos", en la obra colectiva *Las tasas locales,* Thomson Reuters, Civitas, 2011.

- "Algunas claves para rediseñar el IVTM en clave medio ambiental, de capacidad económica y de suficiencia financiera local", *Revista Tributos Locales,* nº 152, 2021, págs. 116 y ss.
- "La tasa de residuos locales: observaciones y problemática", *Revista Tributos Locales,* nº 159, 2022, págs. 91 y ss.
- "La tasa de reciclaje de residuos sólidos urbanos: ajuste al derecho español local español y a la realidad tributaria municipal", *Documento de trabajo,* 3/2023, IEF, págs. 160 y ss.

GOMAR SÁNCHEZ, J.I., MUÑOZ DE OSMA, A.; y MONTSERRAT CAO, P., "Impuesto sobre el incremento de valor de los terrenos de naturaleza urbana", en la obra colectiva *Los tributos locales y el régimen fiscal de los Ayuntamientos,* Lex Nova, Valladolid, 2014, págs. 395 y ss.

GONZÁLEZ CUELLAR-SERRANO, M.L. y ORTÍZ CALLE, E. (dirs.) , La fiscalidad del agua: situación actual y perspectivas de reforma, Tirant lo Blanch, 2019.

HERMOSÍN ALVAREZ,M., "Experiencias comparadas sobre la fiscalidad de los vehículos en Europa", Documento de trabajo, 3/2023, págs. 322.

HERRERA MOLINA, M.A., "La tasa derivada de las servidumbres de paso", en el número monográfico sobre la materia *La tasa municipal sobre la ocupación del dominio público por el tendido eléctrico,* Monografías nº 2, 2014, págs. 85- 119.

HERRERA MOLINA, P.M. "La banalización de los principios de capacidad económica y no confiscatoriedad por el Tribunal Constitucional (sombras y luces de la STC 126/2019), de 31 de octubre, sobre la segunda inconstitucionalidad de la plusvalía municipal", *Quincena Fiscal,* nº 6, 2020.

- "Incidencia de la futura Ley de residuos sobre las tasas y tarifas locales", *Revista Tributos Locales,* nº 152, 2021, págs. 13 y ss.

HERRERA MOLINA, P.M., y TANDAZO RODRÍGUEZ, A. ¿deberían establecerse impuestos ambientales de carácter local sobre grandes establecimientos comerciales o sobre actividades económicas?, *Tributos Locales,* nº 159, 2022

- "Impuestos ambientales de carácter local sobre grandes establecimientos comerciales o sobre otras actividades económicas", *Documento de trabajo,* 3/2023, IEF, págs. 257 y ss.
- ¿Deberían establecerse impuestos ambientales de carácter local sobre grandes establecimientos comerciales o sobre otras actividades económicas?. *Revista Tributos Locales,* nº 159, 2023, págs. 58 y ss.

JIMÉNEZ COMPAIRED, I., "El régimen económico-financiero de la utilización del dominio público hidráulico", en la obra colectiva *La fiscalidad del agua: situación actual y perspectivas de reforma, Tirant lo Blanch, 2019.*

JUAN LOZANO, A.Mª., *Opciones tributarias y derechos de defensa: cuestiones prácticas,* Francis Lefevbre, Madrid, 2018.

LAGO MONTERO, J.Mª., "El rumbo del Impuesto sobre Actividades Económicas", Revista *Tributos Locales,* nº 44, 2004.

- "De la participación en tributos autonómicos a la plusvalía con el Tribunal Constitucional hemos topado", *Revista Tributos Locales,* nº 154, 2022.

LÓPEZ LEÓN, J., "El funcionamiento de los mercados de electricidad, gas y telecomunicaciones y sus implicaciones en la liquidación definitiva de la tasa del 1,5ª, Revista Tributos Locales, nº 89, 2009, págs. 43 y ss.

LUCAS DURÁN, M. "La mejora de la fiscalidad ambiental local: propuestas de la Asociación Española de Asesores Fiscales, *Documento de trabajo,* 3/2023, IEF, págs. 83 y ss.

MALVAREZ PASCUAL, L. "Las exigencias formales para el ejercicio de opciones fiscales. Estudio de su régimen jurídico a la luz del principio de proporcionalidad", *Revista Técnica Tributaria,* nº 88, 2010.

MARCOS CARDONA, M., "El Impuesto sobre las emisiones de dióxido de carbono (CO2) de los vehículos de tracción mecánica de Cataluña. ¿Una oportunidad para plantear la unificación de la fiscalidad del automóvil?", *Documento de trabajo,* 3/2023, IEF, págs. 338 y ss.

MARÍN-BARNUEVO FABO, D. *Teoría y práctica en el Impuesto sobre Construcciones, Instalaciones y Obras,* Colex, Madrid, 2001.

- "La limitación de las potestades de liquidación de la Administración: la naturaleza definitiva de la liquidación del ICIO", en *Tributos Locales,* núm. 122, 2015.
- "La definitiva declaración de inconstitucionalidad de la plusvalía municipal y la nueva regulación del impuesto", en Revista de Estudios Financieros, CEF, nº 468, 2022, págs. 5 y ss.

MARTÍNEZ MUÑOZ,Y. "Las opciones en la Ley General Tributaria", en VVAA, Tratado sobre la Ley General Tributaria. Homenaje a Alvaro Rodríguez Bereijo, Tomo II, Aranzadi, 2010, págs. 428 y ss.

MARTÍNEZ SÁNCHEZ, C., *El principio de equivalencia en el sistema tributario español,* Marcial Pons, Madrid, 2014.

MENÉNDEZ MORENO, A., "Los impuestos y las tasas: algunas conclusiones e interrogantes respecto a su regulación actual", *Quincena Fiscal,* Nº 14, 2016.

- "Paradojas de la fiscalidad ambiental", Editorial de *Quincena Fiscal,* nº 19, 2021, págs. 1 -7.

MERINO JARA,I., "El Impuesto sobre Construcciones, Instalaciones y Obras", en *Quincena Fiscal,* núm. 4, 1992.

- "Principios rectores de las tasas", en la obra colectiva *Las tasas locales,* Thomson Reuters, Civitas, Madrid, 2011.

MONTESINOS OLTRA, S. "Aplicación de cantidades pendientes de compensación o deducción y opciones tributarias: análisis del nuevo apartado 4 del art. 119 LGT", *Crónica Tributaria,* nº 161, 2016, págs. 97 y ss.

MUÑOZ MERINO, A.Mª., "Tasas por utilización privativa o aprovechamiento especial del dominio público local. Las tasas de las compañías eléctricas explotadoras de servicios de suministro", en la obra colectiva *Las tasas locales,* Thomson Reuters, Civitas, Madrid, 2011.

MUÑOZ MERINO, A.Mª, y SUÁREZ PANDIELLO, J., "Reformando la financiación local: ¿un viaje o una excursión?", *Fedea Policy papers,* Nº 8, 2018.

MUR PÉREZ, A., "La fiscalidad del automóvil como factor clave para el cumplimiento de los objetivos medioambientales", en la obra *Libro Blanco para la reforma fiscal en España,* Instituto de Estudios Económicos, 2022.

MUSGRAVE, R.A., *"Commentary",* en OATES, *Property taxation and local government finance. Essays in honor of C. Lovell Harriss,* Lincoln and Institute of Land Policy, Cambridge, Mass, 2001.

NAVARRO GARCÍA, A.: «Medidas fiscales para garantizar el derechos de acceso a la vivienda: el recargo del IBI y otras medidas tributarias sobre las viviendas desocupadas». Tributos Locales , n.º 123 , 2016.

OLAÑETA FERNÁNDEZ-GRANDE, R. "La lucha contra el fraude en el Impuesto sobre vehículos", *Tributos Locales,* nº 161, 2023, págs. 129 y ss.

ORÓN MORATAL, G., "El ingreso anticipado en las ordenanzas fiscales del ICIO: entre la reserva de ley y la autonomía municipal", en *Jurisprudencia Tributaria,* I, 1993.

ORTÍZ CALLE, E, "Ecotasas: la fiscalidad local sobre el turismo", en la obra colectiva *La función tributaria local,* El Consultor de los Ayuntamientos, Madrid, 2012.

- "Nuevas perspectivas de las tasas locales sobre los servicios de telecomunicaciones", Revista *Tributos Locales,* nº 155, 2022, págs. 71 y ss.

PADILLA, P., "Maquinaria e instalaciones en la base imponible del ICIO: diversidad de criterios para su inclusión", *Revista El Consultor de los Ayuntamientos y de los Juzgados,* 2012, págs. 2 y ss.

PAGÉS I GALTÉS, J., *Manual del Impuesto sobre actividades económicas,* Diputación de Barcelona- Marcial Pons, Madrid, 1995.

- "La reforma de las Haciendas Locales en aras a la consecución del principio de suficiencia financiera", *Civitas. REDF,* nº 114, 2002, págs. 210 y ss.
- "La prestación económica por la gestión local de residuos: naturaleza jurídica", Tributos Locales, nº 156, 2022, págs. 49 y ss.

PALAO TABOADA, C. "Prestaciones patrimoniales de carácter público", *Revista de Contabilidad y Tributación,* CEF, nº 481, 2023, págs. 5 y ss.

PELLICER CISCAR, Mª J., "La reforma del ICIO operada por la Ley 51/2002, de reforma de la LRHL", *Revista Tributos Locales,* nº 34, 2003, págs. 75 y ss.

PELLICER GARCÍA, P.; IRIANI BORDAS,M.; PUIG VENTOSA, M.; SASTRE SANZ,S.; *Las tasas de residuos en España* 2020, Fundació ENT., 2021.

PEIRÓ MARTÍNEZ DE LA RIVA, S. y CAVA VALENCIANO, A. "La tasa por utilización privativa y aprovechamientos especiales constituidos en el suelo, subsuelo, o vuelo de la vía pública a favor de empresas explotadoras de servicios de suministros", *Revista Tributos Locales*, nº 114, 2014, págs. 101 y ss.

POVEDA BLANCO, F., El Impuesto sobre Actividades Económicas, 9ª edic., Deusto, Bilbao, 1999.

RAMALLO MASSANET, J. y ZORNOZA PÉREZ,J., "Autonomía y suficiencia en la financiación de las Haciendas Locales", en *Revista de Estudios de Administración local y autonómica, nº 259, 1993, págs. 502 y ss.*

RAMOS PRIETO, J., "Reforma de los Impuestos de matriculación y circulación: reflexiones a propósito del Libro Blanco sobre la reforma tributaria", *Documento de trabajo,* 3/2023, IEF, págs. 296 y ss.

ROZAS VALDÉS, J.A., "La reforma del marco legal de los peajes de gestión circulatoria", Revista *Tributos Locales*, nº 155, 2022, págs. 137 y ss.

RUBIO URQUÍA,J.I., *El Impuesto sobre actividades económicas,* El Consultor de los Ayuntamientos y los Juzgados, 1990.

- "Los tributos locales ante su inminente reforma: una encrucijada histórica", *Tributos Locales,* nº 1, 2000.
- "Globalización y Hacienda local: una referencia actual para el futuro sistema tributario local", *Tributos Locales,* nº 10, 2001.
- "El IBI: un tributo en busca de su identidad municipal", *Revista Tributos locales,* nº 5, 2001.
- "El IAE: un impuesto herido de muerte", Revista *Tributos Locales,* nº 26, 2003, págs. 12 y ss.
- "¿Será posible la contrarreforma de las haciendas locales?, *Revista Tributos Locales,* nº 40, 2004.
- "Los tributos locales: treinta años después", *Tributos Locales,* nº 97, 2010, págs. 9 y ss.
- ¿Perspectivas de reforma de las Haciendas Locales?, *Revista Tributos Locales,* nº 109, 2013, págs. 9 y ss.
- "Cuantificación de la tasa por el aprovechamiento especial que del dominio público local hacen las instalaciones de transporte de energía eléctrica: estado de la cuestión", en el número monográfico sobre la materia *La tasa municipal sobre la ocupación del dominio público por el tendido eléctrico,* Monografías nº 2, 2014, págs. 127-162.

RUBIO DE URQUÍA, J.I., y ARNAL SURIA,S., *Ley Reguladora de las Haciendas Locales,* Publicaciones, Abellá, Madrid, 1989.

RUIZ GARIJO,M. *Problemas actuales de las tasas,* Lex Nova, Valladolid.

- Concepto de tasa y delimitación con otros ingresos de derecho público y privado", en la obra colectiva *Las tasas locales,* Thomson Reuters, Civitas, Madrid, 2011.
- "Cuenta atrás para el establecimiento de gravámenes por el servicio de gestión de residuos municipales" (*pay as you throw*)", *Tributos Locales,* nº 156, 2023.

SÁNCHEZ BLÁZQUEZ, V., "¿Cuál es el hecho imponible del IVTM?, Reflexiones a través de determinados supuestos específicos", *Tributos Locales,* nº 65, 2004, págs. 73 y ss.

- Relaciones interadministrativas en la aplicación de los tributos locales. Servicio de Publicaciones, Cabildo de Lanzarote, 2006.
- "El ICIO y la prescripción", *Tributos Locales,* 70, 2007.
- "Las devoluciones en el ICIO por la declaración judicial de nulidad de la licencia: naturaleza y régimen jurídico", *Tributos Locales,* nº 152, 2021.

SÁNZ GÓMEZ,R., "Una revisión ambiental del Impuesto sobre Construcciones, Instalaciones y Obras, *Documento de trabajo,* nº 3/2023, págs. 274 y ss.

SERRANO ANTÓN,F., La influencia de la jurisprudencia en la reforma del IVTM por la Ley 51/2002, Revista *Tributos Locales,* nº 36, 2004.

- "El pago por cogeneración en la tasa municipal de gestión de residuos no domiciliarios como incentivo para la reducción, reutilización, recuperación y reciclaje de residuos", *Documento de trabajo,* IEF, 3/2023, págs. 172 y ss.

SIMÓN ACOSTA, E., "El Impuesto sobre Construcciones, Instalaciones y Obras", en *Revista de Hacienda Autonómica y Local,* núm. 57, 1989.

SERRAT ROMANÍ, M., "La tecnología como elemento clave de la eficacia de los peajes de congestión: un estudio comparado", *Revista Tributos Locales,* nº 155, 2022, págs. 199 y ss.

SOTO MOYA, Mª.M., "El carácter impositivo de las "tasas por estancias en establecimientos turísticos": una llamada a su posible implementación por las entidades locales", Revista *Tributos Locales,* nº 142, 2019, págs. 117 y ss.

SUAREZ PANDIELLO,J. "La corresponsabilidad fiscal en las entidades locales", *Papeles de Economía Española,* nº 83, 2000.

- "Impuesto sobre actividades económicas: ¿Terapia o eutanasia?", Papeles de Economía española, nº 92, 2002.

SUÁREZ PANDIELLO, J.; BOSCH ROCA,N.; PEDRAJA CHAPARRO,F.; RUBIO GUERRERO, J.; UTRILLA DE LA HOZ,A., *La Financiación local en España: radiografía del presente y propuestas de futuro,* Salamanca, 2008.

TRIGUEROS MARTÍN, Mª.J., *La tributación del automóvil en España,* Comares, Granada, 2014.

VARONA ALABERN,J.E., *Extrafiscalidad y dogmática tributaria,* Marcial Pons, Madrid, 2009.

- "El sedicente recargo del IBI sobre las viviendas desocupadas con carácter permanente", *Quincena Fiscal,* 18/2020.

VICENTE DE TUTOR, M. "Los excesos en la determinación de la base imponible de las tasas municipales que gravan la ocupación de las instalaciones eléctricas sobre el dominio público con ocasión del "transporte de energía", en el número monográfico sobre la materia *La tasa municipal sobre la ocupación del dominio público por el tendido eléctrico,* Monografías nº 2, 2014, págs. 163- 176.

VVAA. *Dimensions of tax design, Mirrlees Review,* Institute for Fiscal Studies, 2010.

- *Informe de la comisión de expertos para reforma del sistema tributario español (Libro Blanco),* 2014.
- *Informe de la comisión de expertos para la reforma de la financiación local (Libro Blanco),* 2017.
- *Las tasas de residuos en España,* Observatorio de la fiscalidad de los residuos, 2020.
- *Informe Eurostat,* Comisión Europea, 2020.
- *Road transport equipment. Stock of vehicles,* Eurostat, 2021.
- *Libro blanco sobre la reforma tributaria,* IEF (Libro Blanco), 2022.
- *Documento de trabajo 3/2023* (II Jornadas sobre la reforma ambiental de las Haciendas Locales: La reforma en el marco jurídico europeo, estatal y autonómico), Coordinación: B. GARCÍA CARRETERO, IEF, Madrid, 2023.

ZORNOZA PÉREZ, J.J. y ORTÍZ CALLE, E., Tasas locales. Cuantía, en la obra colectiva *Los Tributos locales,* Civitas, 2011.